INSTRUCTIONS

SUR LE SERVICE

DES OFFICIERS

D'ADMINISTRATION

DANS

LES HOPITAUX MILITAIRES.

METZ.

IMPRIMERIE DE CH. DOSQUET.

1828.

INSTRUCTIONS

POUR

LES OFFICIERS

D'ADMINISTRATION.

DEVOIRS GÉNÉRAUX DES HOSPITALIERS.

Les hôpitaux militaires étant établis pour remplacer les familles de tous les individus faisant partie de l'armée, qui sont malades ou blessés, il faut que chaque Hospitalier voie d'un coup d'œil, dans l'esprit de cette institution, toute l'étendue de ses devoirs. Chaque malade ou blessé devient pour lui un frère, au soulagement duquel il se doit tout entier, tant dans les hôpitaux de l'intérieur que dans ceux de l'armée et sur les champs de bataille. Il doit y seconder partout les efforts des Officiers de santé; il y est secondé lui-même par les Infirmiers, et ces relations de service lui tracent le reste de ses obligations.

CHAPITRE Ier.

DE LEURS OBLIGATIONS ENVERS LES MALADES.

Art. 1er. Les devoirs d'un Hospitalier envers les malades peuvent facilement s'indiquer, puisqu'ils se réduisent à un seul principe, qui consiste à faire, pour chacun d'eux, ce qu'il voudrait qu'on fît pour lui en pareille circonstance. En méditant bien ce principe, il arrive au développement de toutes ses conséquences; mais celles-ci sont d'une étendue et d'une variété bien grandes: elles exigent de l'Hospitalier tout son temps, tous ses moyens physiques, toutes ses facultés morales et un dévouement sans bornes.

2. Il doit trouver, dans ses fonctions mêmes, la récompense de toutes les peines et de toutes les fatigues qui en sont inséparables. Il doit puiser dans son cœur toute la force nécessaire pour être toujours utile, même dans les occasions les plus difficiles; mais il ne doit pas s'abandonner à son élan sans avoir bien étudié tous les réglemens, toutes les instructions qui doivent guider sa conduite et servir de base, en même temps que de limite, à son zèle et à ses devoirs.

3. C'est principalement dans les hôpitaux militaires qu'on éprouve le besoin de l'ordre, qui met en tout la perfection convenable. C'est l'ordre qui assigne à chacun ses fonctions, qui l'aide aussi à les remplir avantageusement, et qui, par une sage répartition, contribue à établir l'harmonie indispensable entre tous ceux qui concourent au même but. C'est l'ordre qui les y conduit sans confusion, et qui fait que toutes les parties du service se prêtent un secours mutuel et marchent régulièrement, sans choc et sans secousse. C'est en quoi consistent la bonté et la sûreté du service; mais il ne suffit pas que chaque Hospitalier connaisse bien la partie dont il est chargé : il faut qu'il connaisse assez toutes celles qui constituent le service, pour que jamais l'absence ou la maladie d'un ou de plusieurs puisse arrêter, suspendre, ni même gêner la marche de la machine.

4. Il ne suffit pas que l'on sache opérer avec régularité dans les temps ordinaires, il faut encore savoir la conserver et la maintenir au milieu des circonstances les plus épineuses : il faut que, toujours et partout, l'Hospitalier agisse avec la même précision, et les difficultés ne doivent être, pour lui,

que des encouragemens à faire plus ou à faire mieux. Il en sera toujours ainsi, quand il sera bien familiarisé avec toutes les parties auxquelles il doit successivement se livrer, tandis que s'il n'en a pas une parfaite connaissance, il hésitera sans cesse, il sera toujours inquiet, et, loin de faire bien, il fera mal, par la crainte même de le faire.

5. L'Hospitalier bien instruit des limites et de l'étendue des fonctions qui lui sont confiées, s'y livre avec ardeur : sans cesse occupé des malades, il leur assure tous les secours auxquels ils ont droit; tous les instans du jour sont marqués par les services qu'il leur rend.

6. Il les accueille, à leur entrée, avec cette prévenance fraternelle qui les console, les rassure et leur donne, en quelque sorte, l'avant-goût des soins que chacun d'eux trouvera dans les hôpitaux. Cette réception est même utile aux camarades qui les accompagnent, en dissipant la répugnance que les hôpitaux inspirent, et qui a fait souvent dissimuler long-temps des maladies devenues par-là incurables.

7. Toutes les précautions que l'enregistrement exige, sont prises par lui avec tant de délicatesse, que le malade entrant ne

peut y voir que celles inspirées par son propre intérêt, par l'ordre et la sûreté de ses effets et de tout ce qui lui appartient.

8. Le soin avec lequel il est conduit ou transporté dans la salle, celui qu'on donne à son placement, entretient la confiance du malade et lui donne toute la sécurité dont il a besoin.

9. L'exactitude avec laquelle se suivent toutes les prescriptions des Officiers de santé, le service assidu, empressé et même prévenant des Infirmiers, lui donnent l'espoir d'une prompte guérison.

10. La propreté qu'on entretient autour de lui, le bon choix des objets qu'on lui donne, les égards de toute nature qu'on a pour lui, l'ordre qu'on maintient partout, les secours prompts dont il est assuré jour et nuit, les consolations qu'on lui offre dans toutes les occasions, lui rendent le séjour de l'hôpital moins ennuyeux et plus supportable.

11. Tout cela est l'ouvrage de l'Hospitalier qui aime à remplir ses devoirs, et dont l'influence sur tous les détails du service est d'autant plus remarquable, d'autant plus puissante, qu'elle est moins aperçue.

12. Ce n'est point par des démonstra-

tions bruyantes qu'il manifeste sa présence, tout doit être simple et modeste dans un véritable Hospitalier; il obtient plus par la conviction que par la force; il agit plus qu'il ne parle, et il ne commande jamais quand il lui suffit de prier.

13. Sa fermeté, quoique déguisée, n'en est pas moins réelle; mais, dans un séjour de douleur et de souffrance, dans un établissement où le cœur semble devoir être plus occupé que la tête, il faut que l'autorité soit douce autant que forte, et pour rendre la sévérité supportable, chacun de ceux auxquels l'usage en est indispensable, doit être plus sévère encore pour lui que pour les autres.

14. Tout, dans un hôpital, présentant des rapports plus ou moins directs avec les malades, l'Hospitalier ne doit voir que leur intérêt, dans quelque fraction du service qu'il soit placé.

15. Soit qu'il surveille ou dirige ou la dépense ou les magasins, la préparation des alimens ou leur distribution, l'entretien, les réparations ou le blanchissage du linge, le chauffage ou l'éclairage des salles, c'est au bien-être des malades qu'il contribue. Le soin qu'il prend du mobilier, des objets de consommation et des bâtimens, tend également au soulagement des malades.

16. En réfléchissant qu'il ne peut rien négliger sans que quelque malade en souffre, et qu'au contraire il ne peut rien faire de bien qui ne leur soit utile, il se convaincra de la nécessité de remplir tous ses devoirs avec une exactitude scrupuleuse; il s'en fera à lui-même un besoin, et il s'occupera sans cesse des améliorations dont le service est toujours susceptible pour toute âme sensible au milieu d'êtres souffrans.

CHAPITRE II.

DES OBLIGATIONS ENVERS LES OFFICIERS DE SANTÉ.

Tels sont les devoirs sommaires de l'Hospitalier envers les malades : il en a d'autres à remplir avec les Officiers de santé; mais ils ne diffèrent pas de ceux que la société exige de tous les membres qui la composent. L'érudition de ceux auxquels ils sont assimilés, prescrit aux Officiers d'administration des égards qu'ils sauront comprendre; elle leur dictera leurs obligations, et leur rendra plus utile encore la modestie qui rehausse le mérite et fait pardonner la médiocrité même. L'exemple des Officiers de santé doit enflammer le zèle des Officiers d'administration; il doit exciter leur émulation et leur faire désirer de les seconder de toutes manières et de tous leurs moyens. Marchant dans la même direction et vers le même but, ils sentiront tout le prix d'une harmonie que rien ne doit troubler et qui s'entretient facilement entre personnes qui s'estiment, se respectent et ont le sentiment réciproque de leur dignité et de leur utilité.

CHAPITRE III.

DES OBLIGATIONS ENVERS LES INFIRMIERS.

1. Les devoirs de l'Hospitalier avec les Infirmiers sont d'une autre nature et présentent quelques difficultés; mais elles peuvent être aisément aplanies pour ceux qui savent que le plus sûr moyen d'obtenir une obéissance absolue, est de la rendre facile.

2. L'Hospitalier doit d'abord instruire les Infirmiers de tous leurs devoirs, et pour qu'ils les connaissent, il faut qu'ils les comprennent. Il doit donc s'attacher à les leur expliquer, à leur en faire sentir l'importance, et à les leur faire aimer.

3. Ils les aimeront, quand on les aura bien convaincus du bien qu'ils peuvent faire en s'acquittant de leur devoir, et du mal dont ils seraient coupables, en les négligeant. Si quelques-uns résistaient à cette conviction, il faudrait les éloigner; mais ce ne peut être que le petit nombre. L'homme, de quelque condition qu'il soit, quelle que soit son ignorance, s'il possède un bon cœur, n'hésitera jamais entre la jouissance d'être utile et l'horreur de nuire.

4. Il est essentiel que les Infirmiers soient dociles; mais on peut les rendre tels en leur faisant comprendre les avantages de la docilité, et dans leur intérêt, et dans celui des malades, seul but de l'institution.

5. Il faut accoutumer l'Infirmier à s'estimer lui-même, lui inspirer l'amour du bien, le traiter avec douceur, lui faire sentir combien sont impérieux les devoirs dont l'accomplissement ou la négligence peuvent sauver ou compromettre la vie des hommes; il faut lui prouver sa répugnance à être sévère, mais en même temps sa ferme résolution de l'être au besoin.

6. En considérant toute l'importance de ces devoirs, pour en exiger l'exécution, il faut ne jamais perdre de vue combien ils

sont pénibles, fatigans, et combien plusieurs d'entr'eux sont dégoutans ou dangereux. Il faut lui en aplanir les difficultés, en le protégeant, en tenant toujours la balance exactement suspendue entre les malades et lui, en adoucissant sur-tout le commandement, pour le lui rendre aimable, et en veillant sans cesse sur sa santé comme sur sa conduite.

7. Tel doit être un Hospitalier, toujours avec les malades comme un frère affectueux, pour qui leur vie est précieuse; avec les Officiers de santé, comme un collaborateur zélé qui s'honore de l'être, et avec les Infirmiers, comme un père tendre et sévère à la fois, qui apprécie et dirige l'utilité de leurs efforts dans l'intérêt de la grande famille.

CHAPITRE IV.

QUALITÉS QUE DOIT AVOIR L'HOSPITALIER.

Pour remplir dignement toutes ces obligations, pour être à la hauteur de ses devoirs, l'Officier d'administration doit sentir sa dignité, se respecter lui-même, rendre sa conduite irréprochable, travailler sans cesse à son instruction, se perfectionner le jugement, s'accoutumer à la fatigue, ne chercher le repos que dans la variété de ses occupations, se refuser tout plaisir qui n'a pas un but d'utilité réelle, se former le caractère, combattre sans cesse ses passions, ne céder qu'à celle du bien, en la restreignant même dans de justes bornes, voir toujours le danger de sang-froid, sans le mépriser ni le braver, modérer sa vivacité, la réserver pour les besoins pressans, conserver toujours sa sensibilité, être poli sans fadaise, unir la douceur avec la fermeté, et se dévouer sans réserve au soulagement de tous ceux qui souffrent.

INSTRUCTIONS

POUR

L'OFFICIER D'ADMINISTRATION

DE GARDE.

Art. 1er. Le service de l'Officier d'administration de garde commence à cinq heures du matin en été, et successivement au lever du soleil dans les jours plus courts.

2. Pendant tout ce temps, cet Officier ne pourra sortir de l'hôpital ni se coucher, ainsi que le prescrit l'art. 83 du réglement qui lui trace ses fonctions principales.

3. Il le charge d'accompagner les Officiers chargés de la visite de l'hôpital ou les personnes autorisées à le visiter, et de prendre note de leurs demandes ou observations.

4. Il lui recommande des rondes fréquentes pendant la nuit, de veiller au bon ordre et à la régularité du service.

Ces dispositions du réglement tracent, à grands traits, tous les devoirs d'un Officier d'administration de service, et il n'y a pas de doute que chacun d'eux ne se mette en mesure de remplir ses intentions.

5. L'Officier d'administration de garde doit se considérer comme chargé de la surveillance générale de tout l'hôpital, pendant toute la durée de son service; il doit se bien pénétrer de l'étendue de cette fonction importante, et, pour la remplir avec succès, il doit s'être rendu familières, non-seulement toutes les instructions de détail qui sont établies pour les Infirmiers-majors, Portiers, Cuisiniers et autres subordonnés, mais toutes celles qui concernent les différentes parties du service, parce qu'il n'est rien qu'il ne doive surveiller, il n'est rien sur quoi il ne puisse être appelé à prononcer.

6. Pendant ses vingt-quatre heures de garde, l'Officier d'administration est le surveillant général du service; il se repose du travail matériel qui l'a occupé dans l'intervalle de ses gardes, en se livrant au véritable service actif qui constitue l'Hospitalier : sa sphère s'agrandit, il trouve l'occasion de développer tous ses moyens, il sent quels sont ceux qui lui manquent encore, il éprouve le besoin de les acquérir, il trouve des leçons pratiques dont il ne peut manquer de profiter, sur-tout s'il met en tout une attention bien ré-

fléchie, et si, en tout ce qui est pour lui l'objet de quelque doute, il a soin de consulter l'Officier comptable dont il doit toujours appeler l'expérience à son secours.

7. En se conduisant avec cette réserve, en mettant dans son service de garde tout le zèle et le dévouement dont il doit être animé, le jeune Officier d'administration se formera promptement, et celui déjà formé, celui qui comprend et remplit bien tous ses devoirs, se fera toujours mieux connaître et prouvera ses droits à la considération, qui est le plus sûr moyen d'avancement.

8. C'est dans le service de garde que l'Officier d'administration s'accoutumera au commandement, et c'est la forme, c'est le ton du commandement qu'il est important de bien saisir, pour être bien obéi.

9. Le commandement militaire doit être prompt et même brusque, parce qu'il doit enlever à la fois tous les hommes qui l'entendent, et opérer le mouvement simultané d'un plus ou moins grand nombre d'hommes. Ce mode doit, dans les hôpitaux et avec les Infirmiers, se borner exclusivement à ce qui concerne la marche et le maniement des armes.

10. Dans tout le reste du service, l'Of-

ficier d'administration doit bien se pénétrer de la nécessité de faire aimer le commandement, et le meilleur moyen de juger le ton qu'il doit prendre avec ses subordonnés, est de choisir celui qui rend l'obéissance plus facile à lui-même.

11. Il sentira que, dans un service qui est tout de bienveillance, il faut éviter toute rudesse, toute âpreté, tout ce qui tient de l'humeur ou de l'orgueil. Il se convaincra que le caractère de l'Hospitalier exige à la fois la douceur et la fermeté, la simplicité et la dignité, et que le plus sûr moyen d'être obéi ponctuellement et promptement, est de se faire à la fois aimer et respecter.

12. Pour y réussir, il faut une grande attention sur soi-même, il faut être bien maître de soi, conserver toujours un grand calme, ne jamais s'abandonner à sa vivacité, encore moins à l'emportement, être constamment juste, parler peu, toujours à propos, toujours clairement, et se conduire en tout de manière à mériter l'estime, même de ses subordonnés.

13. Tout écart dans sa conduite ne peut que tendre à diminuer la considération dont il a absolument besoin pour faire le bien

que ses fonctions l'appellent à opérer, et il doit autant se distinguer par la pureté que par la douceur de ses mœurs.

C'est en se conformant à ces principes, qu'il obtiendra, même dans la société, le succès qui l'attend dans son service.

14. Il doit, dans ses relations avec les Officiers de santé, mettre toute la politesse, la prévenance et tous les procédés propres à maintenir l'harmonie qui doit toujours régner entre toutes les parties d'un tout dont le soulagement des malades est le but.

15. Il faut que toutes les personnes et les autorités qui visitent l'hôpital, soit pour le surveiller, soit pour y visiter quelque malade, soit par quelqu'autre motif, trouvent en lui beaucoup d'urbanité, de complaisance, et tous les renseignemens qu'elles peuvent désirer. L'Officier d'administration ne doit jamais, dans ce cas, perdre de vue qu'il représente tous ses camarades, qu'on peut juger tout le personnel de l'établissement d'après lui-même, et qu'il devient responsable envers tous de l'opinion plus ou moins avantageuse qu'il fera naître, tant sur le service en général, que sur celui d'administration.

Pour n'éprouver aucun embarras dans

une pareille circonstance, il doit bien connaître non-seulement ce qui doit se faire, mais ce qui se fait, afin d'éviter tout reproche d'ignorance sur quelque partie que ce soit.

C'est particulièrement avec les malades qu'il doit être complaisant, attentif, patient, et tel enfin qu'il pourrait être avec un parent ou un ami.

16. Celui qui prend sa garde doit consulter les registres de rapport et sur-tout l'Officier qu'il relève, pour être instruit de tout ce qu'il lui importe de savoir, pour mettre dans son service l'ensemble et la régularité nécessaires.

17. L'Officier qui descend sa garde doit, soit par son rapport, soit verbalement, instruire celui qui le remplace de tout ce qui, dans sa surveillance, se trouve inachevé, afin qu'il puisse le terminer ou au moins le continuer.

18. L'Officier de garde étant ainsi informé de tout, il pourra avec succès suivre le service du jour dans toutes ses parties.

19. Son zèle lui dictera, mieux que tous les détails, sur quoi doit s'étendre sa surveillance; il doit embrasser tout successivement et même ensemble, de manière à

être instruit de tout, à tout voir, et à être sans cesse attendu partout, ce qu'il obtiendra par des visites variées dans leurs ſormes et leurs époques.

20. Le but principal de toutes ces visites étant d'assurer aux malades les soins auxquels ils ont droit et l'éloignement de tous les abus qui peuvent s'introduire dans le service, elles doivent avoir lieu à toutes les époques principales, telles que celles des pansemens, des visites, des changemens de linge, des distributions et des grands travaux de propreté.

21. Les pansemens exigent le concours de tous les Infirmiers, et les visites le calme le plus parfait: l'administration doit s'assurer si les Infirmiers sont alors tous à leur poste, s'ils ont préparé tout ce qui est nécessaire pour que rien ne soit attendu au moment du besoin, s'ils y mettent l'empressement, l'attention et la complaisance nécessaires, et si les malades observent, ainsi qu'eux, le silence indispensable pour que MM. les Officiers de santé ne puissent être distraits dans une circonstance aussi importante.

22. Il veillera aussi à ce qu'on ne puisse abuser du linge à pansement par quelqu'em-

ploi indirect, et, pour mieux y réussir, il s'assurera si tous les appareils sont exactement reportés à la chirurgie, après les pansemens.

23. L'intervalle entre les pansemens ou les visites et les distributions devant être rempli par tout le travail de propreté que les premiers sur-tout ont nécessité, par le retrait exact du linge provenant des pansemens et son dépôt à l'endroit prescrit, par le changement du linge, par les distributions des tisanes ou médicamens, et par les préparatifs de celles des alimens, l'Officier d'administration chargé de la surveillance aura soin que tout se fasse avec l'ordre et la célérité convenables.

24. Les distributions des alimens sont un objet de la plus grande importance. Outre la propreté qui doit être vérifiée sur tous les vases servant aux malades, il est essentiel de s'assurer de l'état de ceux qui servent aux distributions, soit qu'ils appartiennent à la dépense ou à la cuisine.

25. Il n'est pas moins important de reconnaître d'abord l'état des alimens en tous genres destinés à chaque distribution, pour avoir la certitude de leur qualité, ou savoir s'il s'y trouve quelque chose de faible, afin

d'en découvrir la cause et de pouvoir y porter remède.

26. Il faut qu'à la dépense, comme à la cuisine, les alimens soient délivrés en quantités exactement égales à celles portées sur les relevés, et il convient que l'Officier de service les voie, le plus souvent possible, compter et mesurer.

27. Le pain et le vin devant être distribués ensemble et simultanément, il doit veiller à ce que l'Infirmier-major ait toujours l'œil sur l'un et l'autre; que jamais les distributeurs de pain n'aient plus d'un lit d'avance sur ceux du vin, et que ce qui restera de l'un ou de l'autre soit scrupuleusement reporté à la dépense.

28. La distribution de la viande doit être, de même, accompagnée par l'Infirmier-major, qui doit également faire porter devant lui le riz et autres alimens légers qui seraient en assez grande quantité pour être distribués autrement que sur les assiettes de chacun.

29. On s'assure, par là, de la régularité de ces deux distributions; mais il en est une bien intéressante, et qui mérite d'autant plus d'attention, qu'elle ne peut être dirigée que de loin par l'Infirmier-major : c'est celle du bouillon.

Chaque Infirmier porteur d'un seau de dix-huit à vingt litres de bouillon doit, dans chaque grande salle, prendre un rang qu'il suit d'une extrémité à l'autre, en commençant le matin par l'un, et le soir par l'autre.

Dans toute autre salle moyenne, il doit y avoir un seau pour trente malades environ, et toujours, le soir, on doit servir les premiers ceux qui, le matin, ont été servis les derniers.

Mais il faut que la marche du bouillon soit combinée de manière qu'il ne soit jamais distribué à chaque malade que quand il a reçu son pain.

30. Le silence doit également régner pendant les distributions, et, pendant toute leur durée, chaque malade doit être à son lit et ne jamais s'en écarter. Cette précaution est de rigueur pour le maintien de l'ordre et pour prévenir soit les erreurs, soit les abus, tant dans les distributions que dans les échanges ou distractions quelconques d'alimens.

31. La distribution des légers alimens pouvant, par leur variété, occasionner quelques erreurs, elle doit être aussi l'objet d'une attention particulière.

32. La célérité et la régularité devant être, avec la propreté, les principales conditions d'une bonne distribution, l'Officier d'administration de garde doit veiller à ce que rien ne puisse les altérer, et s'occuper sans cesse des modifications qui pourraient être utiles, et des améliorations à faire.

33. Les abus à éviter sont le mouvement des malades pendant les distributions, leur tendance à se réunir plusieurs pour manger ensemble, et à vendre ou échanger leurs alimens.

34. Une surveillance bien active, douce, sage et assidue, faisant droit à toutes les justes réclamations, fera cesser toutes celles sans fondement. Pour faciliter, au surplus, les réclamations justes, pour pouvoir y faire droit en temps opportun, l'Officier d'administration veillera à ce que les Infirmiers-majors ne manquent pas, chacun dans son service, de parcourir leurs salles après chaque distribution, pour demander aux malades s'ils ont quelque chose à réclamer.

35. Les distributions des alimens aux malades étant terminées, la propreté des salles doit être le premier objet dont on doit s'occuper; la vaisselle doit être lavée, rincée, soigneusement essuyée, le désordre

des lits réparé, et le balayage doit avoir lieu, pour faire disparaître toutes les traces de la distribution. Ce dernier travail sera plus facile et moins long, si l'on a la précaution d'engager les malades à manger proprement, à ne rien jeter sur le plancher et à ne placer que sur leurs assiettes ou écuelles tous les débris de la distribution. Ceux qui s'obstineront, après plusieurs remontrances, à ne pas se conformer à cet ordre, seront notés, et on en rendra compte à MM. les Officiers de santé faisant la visite, afin d'obtenir leur concours pour la répression de ces abus.

36. En montrant aux malades qu'on fait tout ce qui est possible pour améliorer leur sort, on obtiendra, au moins du plus grand nombre, beaucoup de précautions qui diminueront la peine et le travail des Infirmiers : plus ceux-ci les satisferont, plus ils en seront soulagés.

37. Il faut, cependant, que les soins et les travaux qui suivent les distributions ne nuisent pas à ceux d'entre les malades qui le sont grièvement. S'il s'en trouve quelques-uns qui ont besoin de soins assidus, on doit distraire de la distribution l'Infirmier le plus propre à soulager ceux qui

exigent des attentions suivies. S'il n'y en a pas dans un état aussi critique, il faut qu'immédiatement après chaque distribution, les Infirmiers de garde se rendent au lit des hommes à la diète, de ceux qui ont subi quelqu'opération, quelque saignée, ou auxquels il est fait quelque prescription particulière, afin de s'assurer de leur état et de pourvoir à leurs besoins

38. Vient ensuite la distribution des Infirmiers, qui se partage en deux parties: la première est celle à faire aux Infirmiers de service ou consignés, ou ceux logeant et mangeant habituellement dans l'intérieur de l'hôpital; la seconde, à ceux auxquels il est permis d'emporter leurs vivres hors de l'hôpital.

39. La première doit avoir lieu aussitôt que la propreté de la salle est assez avancée pour que ceux qui y restent puissent l'achever, sans nuire au service des malades. L'ordre dans lequel elle doit être faite est indiqué dans l'instruction pour les Infirmiers-majors.

40. La seconde doit avoir lieu aussitôt après la première.

Le but de cette disposition étant 1° de ne pas laisser les Infirmiers manger dans les salles, dans l'intérêt de leur santé;

2° D'empêcher les Infirmiers de céder quelque partie de leurs alimens aux malades;

3° De mettre en cela tout l'ordre, toute la propreté et la régularité possibles, l'Officier d'administration veillera à ce que cette intention soit remplie et que ce qui pourrait y nuire soit soigneusement écarté.

41. Après la double distribution des Infirmiers mangeant intérieurement et extérieurement, tous ceux qui ne sont ni de service ni consignés, pourront sortir jusqu'à l'heure des distributions; mais leur tenue devra toujours être conforme à celle prescrite pour chaque jour : d'ailleurs les sorties des Infirmiers seront déterminées, suivant les saisons, par une instruction particulière, et le Portier rendra compte des Infirmiers qui ne seraient pas rentrés à l'heure fixée.

42. La liste des Infirmiers devant toujours être affichée chez le Portier, ceux de service ou consignés y seront chaque jour indiqués par les soins des Infirmiers-majors de garde pour les premiers, et de tous pour ceux en punition.

43. Il est essentiel de veiller à ce que les distributions, tant des malades que des Infirmiers, ne prennent, ainsi que les travaux qui en sont la suite, que le temps

strictement nécessaire, afin que les Infirmiers qui ne sont ni de service ni en punition, aient le plus de temps possible pour leur sortie, plus utile encore pour leur santé que pour leur délassement; mais il n'est pas moins important de tenir la main à ce que leur rentrée ait toujours lieu à l'heure précise indiquée. Il faut que les Infirmiers soient accoutumés à cette exactitude qui est indispensable dans toute espèce de service.

44. L'Officier d'administration comprendra donc, dans sa surveillance, toutes les rentrées des Infirmiers, et particulièrement celle qui doit avoir lieu à deux heures au plus tard, parce que si le concours de tous est nécessaire pour le matin, il ne l'est pas moins entre les deux distributions.

C'est alors que se font tous les grands travaux de propreté, tous les mouvemens de mobilier et tout ce qui tient à l'ordre en général.

45. Tout cela devant avoir lieu sans que les malades puissent en souffrir en aucune manière, on n'y emploiera jamais les hommes de service que dans les cas urgens et en ayant égard à la gravité des maladies qu'ils auront à soigner. L'état particulier de quelques malades auxquels le bruit ou

toute autre cause provenant de ces grands travaux pourrait nuire, devra être exactement étudié, pour les retarder ou modifier. Il est encore un autre motif pour ménager les Infirmiers de service : c'est que, trop fatigués pendant le jour, il ne leur serait plus possible de résister, pendant la nuit, au sommeil dont ils seraient accablés.

46. Parmi les grands travaux de propreté à faire entre les deux distributions, la vidange des pots de nuit et des chaises percées requiert une attention toute particulière. Le soin avec lequel ces vases doivent être nettoyés contribue beaucoup à purifier l'air des salles, et il est important, pour la satisfaction des malades, que la vidange et le lavage de ces vases aient lieu dans des baquets présentant à l'œil une telle différence dans leurs formes et couleurs, avec ceux qui servent au nettoiement des vases contenant les alimens, que toute méprise soit impossible.

47. La propreté des planchers est celle qui flatte le plus la vue et une de celles qui contribuent le plus à la salubrité des salles. Tous les liquides répandus sur les planches de sapin y pénètrent, les altèrent, y laissent des taches, et leur évaporation remplit les

salles d'une odeur désagréable au moins, si elle n'ajoute pas à la corruption de l'air, déjà vicié par le jeu des poumons d'une population nombreuse.

48. Il est donc essentiel de prévenir d'abord, par la plus minutieuse attention, la mal-propreté des planchers, d'employer auprès des malades tous les moyens possibles de persuasion, de leur faire remarquer que s'ils fatiguent les Infirmiers par des travaux qu'ils pourraient rendre inutiles, ils se privent, par là, d'une partie des soins qu'ils pourraient en recevoir; de les convaincre que la propreté est un moyen de guérison, en même temps qu'une grande satisfaction pour ceux qui en jouissent; enfin, si ces moyens sont insuffisans, d'invoquer le concours de MM. les Officiers de santé, pour parvenir à ce but.

49. Quand le lavage devient nécessaire, il faudra y procéder avec les précautions convenables, pour que cette opération ne soit pas faite à grande eau, car cette manière est d'autant plus mauvaise qu'elle occasionne des filtrations qui font pourrir les bois de charpente, que ces filtrations s'étendent souvent jusqu'aux étages inférieurs et font détacher les plafonds, qu'elle ne fait que

déplacer l'ordure, en l'entraînant dans tous les interstices des planchers, qu'elle éclabousse tous les bois de lits, les meubles et les murailles, et qu'elle met en évaporation une grande quantité d'eau, qui produit beaucoup d'humidité et rend la dessication plus lente.

50. L'emploi de la sciure de bois, du sable, des brosses, serpillières et éponges est le meilleur moyen d'obtenir, avec peu d'eau, une propreté plus complète, en évitant tous les inconvéniens.

51. Quand on a soin de nettoyer au fur et à mesure les parties sales, on éloigne beaucoup ces grands lavages, toujours fatigans, et pendant lesquels ou à la suite desquels les malades souffrent toujours, ne serait-ce que parce qu'ils donnent au service de grandes secousses, qui nuisent à sa régularité.

52. L'aspect et le séjour des salles étant toujours pénibles, ils ne peuvent être supportables, sur-tout avec un mobilier pauvre, que par la propreté des murs, des croisées, des tablettes de lit et de toute la vaisselle, par l'alignement des couchettes et de tout ce qui est susceptible d'être arrangé symétriquement et dans un ordre régulier qui plaît à l'œil et facilite la surveillance.

53. C'est ainsi qu'au moment où sonne la distribution, il convient d'accoutumer ceux des malades qui en ont la force, à préparer sur les tablettes du pied de leur lit, les écuelles, les assiettes et pots à boire destinés à recevoir leurs alimens, à préparer leurs planchettes mobiles, pour qu'on y place le pain. Quand la distribution est finie, ces objets bien nettoyés doivent être replacés comme ils l'étaient auparavant.

54. Les lits doivent être toujours soigneusement recouverts, et la capote, quand le malade est couché, doit être étendue ou pliée aux pieds de son lit; les pantoufles doivent être placées ensemble et à sa portée, du côté par lequel il descend du lit, et quand le malade se promène, la couverture doit toujours être étendue proprement, soit par ses soins, soit par ceux des Infirmiers.

55. L'Officier d'administration veillera aussi à ce que l'on ne fume pas dans les salles, mais seulement à l'extérieur, à ce qu'on ne crache pas ailleurs que dans les crachoirs, et que ceux qui mâchent du tabac ne jettent le tabac mâché que dans leurs pots de nuit.

56. Les Infirmiers-majors devant sans

cesse veiller à ce que les Infirmiers portent aux malades les soins particuliers prescrits spécialement pour chacun à la visite, par MM. les Officiers de santé en chef, l'Officier d'administration portera sur ce point une attention particulière.

57. Les malades auxquels il sera fait des applications de sangsues seront toujours suivis de très-près, dans l'intérêt de leur position, comme dans celui de l'économie du linge.

L'application devra toujours être précédée de la préparation d'une allaise formée par un drap plié en huit au moins et placée sous la partie qui devra recevoir les sangsues.

Les Infirmiers tiendront constamment ces malades dans un grand état de propreté, auront toujours de l'eau chaude pour laver la partie piquée et entretenir les piqûres saignantes pendant tout le temps prescrit.

58. Il devra y avoir, dans chaque salle, un vase couvert et plein d'eau, pour recevoir les sangsues qui auront été appliquées. Ces vases seront vidés, chaque jour, à la pharmacie, à l'heure indiquée par M. le Pharmacien en chef.

59. Quand il aura été prescrit des bains de pieds, de jambes, de bras, de fauteuil

ou autres, leur administration devra être suivie scrupuleusement, tant sous le rapport de la propreté et de la température de l'eau, que sous celui des soins à donner pour que le malade soit bien couvert, commodément placé et muni du linge nécessaire pour s'essuyer lui-même, s'il le peut; dans le cas contraire, on ne doit pas le quitter tant qu'il ne sera pas replacé dans son lit.

60. Quand quelque malade aura besoin d'une chaise percée, on veillera à ce qu'elle soit à sa portée, toujours propre à l'extérieur comme à l'intérieur, et l'on prendra des précautions pour que son voisinage ne puisse gêner d'autres malades, en même temps qu'on aura soin de fermer le ventilateur trop voisin, afin que celui qui ira s'y placer ou qu'on y conduira, ne puisse pas être frappé par l'air froid de l'extérieur.

61. Pour éviter l'action trop violente de cet air sur les jambes des malades, on les accoutumera à ne jamais sortir de leurs lits sans mettre leurs chaussettes et leurs pantalons, et, sous aucun prétexte, on ne permettra aux malades de sortir des salles sans être complettement vêtus : leur santé et la décence l'exigent.

62. Les vases à tisane doivent toujours être entretenus avec une propreté recherchée, et ne doivent jamais être vides.

63. Les Infirmiers doivent s'assurer si les malades ont de la tisane dans leurs pots; ils doivent faire boire souvent ceux qui ne le peuvent pas eux-mêmes, et recommander aux autres de le faire.

64. Il en est de même des potions : les Infirmiers doivent les donner ou faire prendre aux intervalles et dans les quantités prescrits, et sur-tout accoutumer les malades à distinguer, dans leurs fioles, les médicamens internes de ceux externes.

65. S'il se commettait quelqu'erreur en ce genre, si quelque pansement se dérangeait, si quelqu'hémorragie se présentait, enfin, dans tous les cas extraordinaires ou mêmes douteux, l'Infirmier doit avoir soin de faire avertir l'Officier de santé de garde, en ayant soin de ne pas quitter le malade, ou, s'il ne peut se dispenser d'y aller lui-même, il faut qu'il ne sorte qu'après avoir prié quelqu'autre malade de veiller sur son camarade.

66. L'Officier d'administration de garde, par ses observations journalières et ses remontrances, obtiendra des Infirmiers-majors

et des Infirmiers qu'ils se pénètrent bien de toute l'étendue de leurs devoirs et de leurs obligations, et qu'ils s'instruisent sans cesse dans l'art d'être le plus utiles possible aux malades.

67. La nuit n'offrant pas de ces grands travaux qui nécessitent des distractions, les Infirmiers de service doivent être tout entiers aux malades, et il est bien important de les convaincre de l'utilité dont ils seront en leur donnant tous leurs soins.

68. Il est essentiel de vérifier s'ils connaissent bien tous ceux d'entre les malades qui ont le plus besoin de leurs secours, s'ils savent bien ce qui doit être fait pour chacun, et s'ils le font exactement.

69. Aucun homme ayant travaillé toute la journée, ne pouvant rester une nuit entière sans céder au sommeil, il est bien nécessaire de veiller à ce que les Infirmiers de service se relèvent exactement à minuit.

70. Dans les circonstances particulières des maladies graves ou des grandes opérations, le nombre ordinaire des Infirmiers pendant la nuit devient insuffisant, et l'Officier d'administration peut et doit alors modifier le nombre des Infirmiers de service, et en emprunter même dans d'autres

salles, jusqu'à ce qu'on y ait pourvu d'ailleurs.

71. L'Officier d'administration surveillant le service trouvera dans son cœur le guide le plus sûr pour arriver au but que tous doivent chercher à atteindre : ce but unique est de faire en sorte que tous les malades soient, dans l'hôpital, sûrs de trouver les mêmes soins, les mêmes égards que dans leurs propres familles.

72. Il s'attachera donc à bien connaître tous les Infirmiers, à étudier leur caractère, leurs habitudes, leurs mœurs, parce que les bons doivent être conservés à tout prix, et qu'on doit, autant que l'on peut, écarter tous ceux reconnus non-seulement mauvais, mais encore ceux dont l'inconduite, la paresse et l'indocilité ne laissent aucune espérance.

73. Ne devant jamais présenter aux malades aucun objet désagréable, il faut que les Infirmiers aient toujours une mise décente et propre; il faut que les tabliers qui auront servi aux ouvrages mal-propres ne soient jamais portés aux distributions, et qu'avant de s'en occuper, les Infirmiers aient soin de se laver les mains et de réparer le désordre que les travaux antérieurs ont occasionné dans leur tenue.

Les malades ne remarqueront pas cela sans une certaine satisfaction, et l'exemple des Infirmiers influera sur leur propreté.

74. La surveillance de l'Officier d'administration doit aussi s'étendre sur la propreté du linge dans les lits, sur celle de tous les effets, sur leur qualité, sur la tenue des coffres ou armoires, sur le placement des objets servant à la propreté, sur les feux et lumières, sur la clôture des poëles, sur les heures auxquelles ils doivent être allumés, sur les quantités et qualités des combustibles, sur l'entretien et le placement de ce qui y sert ou en dépend, sur l'étamage des ustensiles en cuivre, sur la tenue de la cuisine et des cuisiniers, enfin, sur les plus petits détails, puisqu'il n'y a rien à négliger dans un service aussi essentiel.

75. Le maintien de l'ordre et de la tranquillité dans les salles est encore un objet de la première importance, mais dont le succès sera d'autant plus facile, que tout étant prévu pour satisfaire les malades sur tous les points, ceux-ci ne pourront se refuser à se conformer à l'ordre établi dans l'intérêt de tous.

Avec toutes ces attentions, l'Officier d'administration chargé de la surveillance empêchera qu'on ne puisse regretter l'absence des religieuses dans les hôpitaux militaires, et en prouvant, par les résultats qu'il obtiendra, qu'elles y seraient inutiles, on ne remarquera plus que l'inconvenance absolue de leur admission.

76. D'un autre côté, les Infirmiers bien dressés, accoutumés à la douceur et à la complaisance par la manière dont ils seront eux-mêmes traités; leur sort étant amélioré par une nourriture plus saine et plus variée; leur habillement, plus propre et plus décent, les ayant rapprochés des soldats qui, eux-mêmes, ne peuvent plus voir en eux que des camarades, tout fait espérer qu'on en obtiendra généralement ce qui peut être avantageux au militaire malade, tant dans l'intérieur qu'aux armées.

77. L'Officier d'administration de garde devra, chaque jour au matin, avant la descente de sa garde, réunir dans un rapport succinct tous ceux qui devront être faits :

1° Par les Officiers de visite;
2° Par l'Infirmier-major de service;
3° Par le Portier;
4° Par le Sous-Officier de planton.

Il y comprendra les notes inscrites aux registres destinés aux dégustations de MM.

les Officiers de santé en chef. Il y joindra ses propres observations, et fera en sorte que son relevé présente le tableau complet de tout le service de la veille.

78. Avant la nuit, il se fera rendre compte par l'Infirmier-major de garde ou par chacun des autres, au besoin, du nombre des malades le plus grièvement affectés dans chaque salle; il se fera indiquer leurs numéros; il s'assurera même des prescriptions qui leur auront été faites, afin de vérifier si les Infirmiers s'y conforment, et si, sur-tout pendant la nuit, on leur administre exactement ce qui aura été indiqué pour chacun d'eux.

79. L'Officier d'administration de service, principalement la nuit, parcourant les salles, au milieu du calme profond que ses soins y font régner, doit sentir son âme s'élever, quand pénétré de l'importance de la mission qu'il remplit, il se reconnaît le mandataire du gouvernement et de toutes les familles des malades qui l'entourent, pour leur assurer les soins auxquels ils ont droit.

Cette pensée développera son zèle, guidera son cœur et lui fera trouver, dans la satisfaction inséparable du bien qu'il aura fait, la récompense la plus douce de ses veilles et de ses fatigues.

INSTRUCTIONS

POUR

LE BUREAU DES ENTRÉES.

CHAPITRE Ier.

CONSIDÉRATIONS GÉNÉRALES SUR L'EXACTITUDE QUE L'ON DOIT APPORTER ET EXIGER DANS LES BILLETS.

ART. 1er. L'importance qui doit être mise dans toutes les opérations du bureau des entrées, n'a besoin, pour être bien sentie, que de quelques réflexions sur les résultats d'une mauvaise tenue des écritures.

2. Une erreur, une omission, soit dans les numéros des compagnies, bataillons, escadrons ou régimens, soit dans l'indication de l'arme, soit dans l'orthographe des noms, soit dans l'abréviation des prénoms, soit dans la désignation des lieux de naissance, cantons, arrondissemens ou départemens, soit dans le rapport du séjour antérieur dans d'autres hôpitaux, soit dans quelques parties du signalement, soit dans la copie du détail des effets dont le malade

est porteur, soit même enfin dans le genre de maladie, si l'homme est porté vénérien ne l'étant pas, toute erreur ou omission de quelque nature qu'elle soit, ne peut qu'être très-préjudiciable ou au malade, ou à sa famille, ou à l'état, ou au comptable.

3. Le travail des entrées ne présente aucune difficulté, mais il exige une grande attention, car toute faute légère en apparence peut avoir des résultats fâcheux.

4. En effet, si la désignation du numéro des compagnies, bataillons, escadrons et régimens est mal établie; si, au lieu d'infanterie de ligne, on a mis légère; si, au lieu d'artillerie légère, on a inscrit artillerie à pied, si le porteur ne sait pas lire, si celui qui délivre la feuille de route ne l'interroge pas, ce militaire peut être envoyé à une compagnie détachée, à un autre bataillon ou escadron, à un autre régiment, souvent à une distance considérable, et par suite de cette méprise, être déclaré et poursuivi comme déserteur, pendant qu'il croit lui-même rejoindre son corps.

D'un autre côté, le gouvernement peut être exposé à des frais de route qui retomberaient sur le comptable, ou celui-ci deviendrait complice ou fauteur de désertion, si la négligence du bureau favorisait la fraude de quelque militaire.

5. L'orthographe des noms se trouvant altérée, ou l'abréviation des prénoms faisant prendre Jean pour Joseph, ou Pierre pour Paul, les militaires malades peuvent être compromis, et le mal devient plus grand en cas de décès; il en résulte des dommages et souvent des procès considérables entre les héritiers.

6. Les mêmes inconvéniens se présentent, quand les lieux de naissance, canton, arrondissement ou département sont tronqués; et il en résulte encore un autre non moins grave, toujours en cas de décès, c'est que les avis aux familles ne peuvent leur parvenir.

7. Si les séjours que le malade sortant a faits antérieurement dans d'autres hôpitaux ne sont pas relatés exactement sur son billet, il éprouve une grande perte, tant parce qu'il ne peut constater son absence légitime, que parce qu'il est privé de son décompte de journées d'hôpital.

8. Si son signalement est altéré, il est exposé en route à être arrêté, à être détenu long-temps, ou l'on favorise la fraude qu'il peut être tenté d'employer s'il n'est pas de bonne foi.

9. Le détail inexact des effets inscrits au dos des billets compromet toujours l'honneur et souvent l'intérêt du comptable, qui peut être obligé à payer des effets qui n'auraient pas été apportés par le malade, comme ce dernier peut être lésé si tous ses effets ne sont pas inscrits.

10. Il le serait également, si, n'étant pas vénérien, il était inscrit comme tel, étant fiévreux, blessé ou galeux.

11. Si les dates ne sont pas exactement portées en toutes lettres ou se trouvent tronquées, soit que le malade fasse sa première entrée, soit qu'il arrive par évacuation d'un autre hôpital, on prive par là, de sa solde ou décompte, celui dont on a abrégé le séjour; on l'expose à être puni, et si on l'alonge, on favorise une absence illégitime et on mérite le reproche d'avoir au moins mal travaillé.

CHAPITRE II.

DES FORMALITÉS REQUISES POUR L'ADMISSION DES MALADES.

12. D'après toutes les considérations renfermées au chapitre 1er, l'Officier d'admi-

nistration chargé des entrées doit toujours agir avec la plus grande précaution et ne pas recevoir un billet, ou en laisser recevoir par ses collaborateurs, sans en avoir reconnu la validité, ou avoir soumis ses doutes au Directeur.

13. Les billets d'entrée en bonne forme doivent toujours être délivrés par le Chirurgien-major, approuvés par le Capitaine, enregistrés par le Trésorier et visés par le Sous-Intendant militaire; mais il y en a sur lesquels on ne peut pas réunir toutes ces formalités, qui ne sont exigibles, du moins celles du Capitaine et du Trésorier, que pour les billets délivrés par les corps de la garnison. Pour les autres, la signature du Chef de service et celle du Sous-Intendant militaire suffisent. Tout militaire voyageant isolément doit être porteur d'un billet d'entrée, signé par le Commandant de la place ou un Officier d'état-major, et visé par le Sous-Intendant militaire.

14. L'Officier d'administration dirigeant le bureau des entrées doit, sur-tout pour les entrans qui ne sont pas de la garnison, s'assurer de la vérité des signatures pour éviter d'en recevoir de fausses; en cas de doute, il doit en référer au Directeur,

15. Si un militaire malade ou blessé se présente sans billet, dans un état que l'Officier de santé de garde déclare, par écrit, ne pas permettre le transport, soit au corps, soit chez le Sous-Intendant militaire, on lui fait un billet provisoire, et on l'admet par urgence, pour qu'il puisse recevoir de suite les secours dont il a besoin; mais il faut que, par son uniforme, sa feuille de route ou toute autre pièce, ou, à défaut, par le témoignage de quelques camarades, on puisse s'assurer qu'il est militaire et à quel corps ou service il appartient.

16. S'il est de la garnison, on réclame pour lui un billet d'entrée, au corps dont il fait partie, et s'il est externe, on envoie dans les vingt-quatre heures, au plus tard, les pièces dont il est porteur au Sous-Intendant militaire, avec le billet provisoire, pour que par sa signature il le rende définitif; mais il faudra que ce billet soit revêtu de la signature de l'Officier de santé qui a reconnu l'urgence de son admission et qui doit en inscrire les motifs.

17. Si l'on apporte quelque malade dangereusement blessé, il faut non-seulement réunir, par tous les moyens possibles, tous les renseignemens nécessaires pour établir

son billet, mais encore s'informer de toutes les circonstances relatives à sa blessure, et prendre note des noms, qualités et demeures des personnes qui l'auront accompagné, parce qu'en cas de délit, il faut pouvoir éclairer la justice, et ne pas se mettre, par son imprévoyance, dans le cas de favoriser l'impunité du crime.

18. Si l'individu grièvement blessé ou le malade apporté est reconnu n'être pas militaire, on prie l'Officier de santé de service de lui administrer les secours les plus urgens, et on le fait transporter immédiatement dans l'hôpital civil le plus voisin.

19. Le billet d'entrée doit présenter, outre les noms, prénoms et surnoms du malade, son grade ou son emploi, le numéro du contrôle annuel, les numéros de la compagnie, ou bataillon, ou escadron et du régiment dont il fait partie, la puissance à laquelle il appartient, s'il est prisonnier de guerre, la date et le lieu de sa naissance, canton, arrondissement et département, les noms et résidence de ses père et mère et le signalement de celui qui en est porteur; il doit indiquer s'il est remplaçant et qui il remplace; si le militaire

admis est en congé, en réforme ou en retraite : il faut, dans ces deux derniers cas, relater le traitement dont il jouit et le lieu où il le touche.

20. Le militaire en retraite ou l'Officier jouissant d'un traitement de réforme ne peuvent être admis dans les hôpitaux militaires que quand ils sont dans le cas de subir une grande opération chirurgicale, ou attaqués d'infirmités graves résultant des fatigues de la guerre. Pour eux, la signature du Sous-Intendant est indispensable avant l'admission.

21. Si le billet d'entrée porte une autre date que celle du jour où le malade se présente, il faut tirer une simple ligne sur la date du billet, et mettre, au-dessous, la véritable date en toutes lettres, et l'Officier d'administration y appose son paraphe. Si, au contraire, la date se trouvait postérieure, il faut que le Sous-Intendant soit prié de la changer et d'approuver la nouvelle.

22. Généralement, toutes les dates, sur tous les billets, doivent être mises en toutes lettres.

23. Les entrans par évacuation doivent être porteurs ou d'un billet indiquant l'évacuation et l'hôpital sur lequel elle doit

avoir lieu, ou d'une feuille d'évacuation sur laquelle sont inscrits tous les évacués; mais ces feuilles ne portant pas tous les renseignemens indiqués ci-dessus, il faut y suppléer au moyen des questions nécessaires, et demander à chaque malade s'il a un billet de sortie, sur lequel on prend les indications principales manquantes sur la feuille : il sera enseigné plus tard quelle est la conduite à tenir dans ce cas.

CHAPITRE III.

PRÉCAUTIONS A PRENDRE POUR LA RÉCEPTION DES MALADES ET LEUR CONDUITE DANS LES SALLES.

24. Quand un malade se présente pour entrer à l'hôpital, l'Officier d'administration qui le reçoit examine avec attention le billet dont il est porteur, pour s'assurer de sa régularité; il le fait asseoir et veille à ce qu'il soit commodément pendant qu'on procède à sa réception.

25. Il doit questionner le malade sur ses noms, prénoms, lieu de naissance, canton, arrondissement et département, pour vé-

rifier si l'inscription faite sur les billets est exacte, et s'il reconnaît des différences, il demande au malade s'il est porteur de son livret ou de quelque papier, pour juger de quel côté est l'erreur, et il en rend compte au Directeur.

26. Après avoir rempli le billet de sortie, il fait l'inventaire des effets ou armes dont le malade est porteur, et les inscrit sur l'un et l'autre billet, dans le cas où celui d'entrée ne porterait pas cette inscription. S'il se trouve quelque différence dans l'inscription des effets sur le billet d'entrée, il les rectifiera en ayant l'attention de les faire reconnaître par le malade lui-même.

27. Il demande ensuite au malade s'il a de l'argent, une montre ou des bijoux, en lui faisant observer qu'il doit, d'après le réglement, en faire le dépôt à son entrée, et qu'en ne les déposant pas, il s'expose à les perdre ou à être volé, sans aucun recours.

28. Si le malade entrant lui déclare et dépose quelques objets de cette nature, il en fait l'enregistrement devant lui, sur le registre des dépôts, et lui en donne un reçu bien détaillé par nature d'objets; si le dépôt est une montre ou quelque bijou, il en

indique la forme, le métal et tous les caractères distinctifs; s'il est en argent monnoyé, le reçu ne doit pas en porter la somme totale, mais bien le nombre de pièces, soit en or, soit en argent, soit en billets, pour que le malade soit bien convaincu qu'il retrouvera les mêmes objets et pour qu'il n'en puisse pas réclamer d'autres; ce reçu doit porter le numéro d'enregistrement. L'Officier d'administration chargé du service des entrées signe ce reçu pour le Directeur, et au bas du détail des effets inscrits au billet de sortie, il ajoute le numéro de ce même dépôt et son paraphe.

29. Si le malade auquel ont été faites les demandes et observations recommandées plus haut, persiste à dire qu'il n'a rien à déposer, l'Officier d'administration inscrit au bas du même détail d'effets : *a déclaré n'avoir rien à déposer*, et il paraphe.

30. Il désigne alors, sur le tableau de la salle affectée au genre de maladie du malade entrant, le numéro auquel il sera placé, l'inscrit au haut du recto du billet d'entrée et de salle, après celui de la salle, et il place un carton, portant le nom de l'homme, à la place correspondante à celle qu'il occupera dans la salle.

31. Après avoir rempli toutes ces formalités, on remet au malade un numéro, qui est celui de la place que ses effets tiendront au magasin : ce numéro sera porté sur le billet de sortie, qui lui sert de billet de salle; on le conduit alors au vestiaire, où on lui fait ôter tous ses vêtemens, pour lui faire prendre les effets d'hôpital; ceux-ci consistent en une chemise, une coiffe (et un bonnet de laine pendant l'hiver), une paire de chaussettes et une de pantoufles, un pantalon et une capote: on y fait alors, en sa présence, un paquet de tous les effets apportés par lui, et on y attache le numéro dont il est porteur.

32. Il est ensuite conduit du vestiaire à la salle de garde de la chirurgie, où l'Officier de santé timbre son billet du genre de maladie, puis dans la salle et au lit qui ont été préalablement désignés, à moins que le Chirurgien de garde ne juge nécessaire de lui assigner une autre place: dans ce cas, on change de suite la première indication et la pose du carton.

33. L'Infirmier chargé de la conduite du malade doit venir rendre compte exactement de son placement au lit indiqué, et rapporter, de la salle au vestiaire, la même

quantité d'effets d'hôpital dont le malade entrant était porteur.

34. La même opération a lieu pour chaque malade entrant et pour plusieurs à la fois, s'il s'en présente; cependant, les malades les plus graves doivent avoir la préférence, et si l'on en reçoit dans un état tellement critique, que tout retard puisse leur être préjudiciable, on doit les conduire d'abord dans la salle, les y faire coucher, prévenir l'Officier de santé de garde, et remplir ensuite les formalités nécessaires. Si le malade lui-même ne peut répondre aux questions qu'on aurait à lui faire, on questionnera ceux qui l'accompagnent, ou on aura recours au corps.

35. L'Officier d'administration chargé des entrées doit faire tous ses efforts pour que ses collaborateurs et lui s'habituent à mettre dans la réception des malades toute la célérité compatible avec l'exactitude des détails qu'ils ont à remplir. Il doit sentir combien l'attente est pénible pour celui qui souffre; il doit tout quitter pour la réception d'un entrant, et veiller sur-tout à ce que la même attention soit prise par ceux qui le secondent, en tenant la main à ce qu'on ne fatigue pas les malades entrans, par des questions inutiles ou de pure curiosité.

CHAPITRE IV.

TENUE DES ÉCRITURES.

36. L'Officier d'administration chargé des entrées aura le plus grand soin que tout ce qui se fera dans son bureau soit constamment à jour, sans la moindre remise; que tout s'y trouve placé et classé avec méthode et dans l'ordre le plus complet, soit pour l'œil, soit pour la facilité des recherches et des vérifications. Il faut que tout y soit bien écrit, correctement, lisiblement, sans rature, autant que possible, et, dans les circonstances inévitables, que la rature soit approuvée. Il faut que l'Officier d'administration dirigeant ce bureau mette son amour-propre à ce que les billets de sortie allant aux corps ou restant à l'appui de la comptabilité soient tels, qu'ils puissent porter partout le témoignage de sa précision, de son exactitude, et n'offrent pas une écriture repoussante, informe et illisible.

37. Le billet d'entrée de chaque malade reçu doit être immédiatement enregistré; il s'en fait une copie, ou second billet de sortie, relatant aussi l'inventaire exact des

effets, et au haut duquel on inscrit également les numéros de la salle et du lit occupés par lui.

38. Les billets d'entrée et ceux doubles de sortie sont placés dans une chemise séparée.

39. Les premiers, après avoir été collationnés avec le registre et avec les seconds, seront envoyés chaque matin, soigneusement enliassés, au Sous-Intendant militaire, pour qu'il puisse signer ceux qui ne l'avaient pas été. Chaque chemise doit porter l'indication du nombre de billets qu'elle contient. Mais, avant d'être envoyés au Sous-Intendant, ils doivent avoir été revêtus de la signature de chacun des Officiers de santé en chef entre lesquels sont répartis les entrans. C'est lorsqu'ils reviennent des salles, où on les envoie pour être signés, qu'on les enliasse, après avoir vérifié qu'ils sont tous revenus.

40. Les billets de sortie doubles sont comptés le lendemain matin, et quand le nombre en est reconnu égal à celui des entrans de la veille, ils sont placés, par ordre alphabétique, dans la boîte à ce destinée, et dans laquelle on trouve l'avantage de pouvoir toujours indiquer facilement, et

à l'instant même, le numéro de la salle et du lit du malade sur lequel on demande des renseignemens.

41. Tous les matins, après la visite, l'Officier d'administration chargé des entrées tiendra la main à ce que chaque Infirmier-major lui rende compte des mutations que les Officiers de santé auront fait opérer, soit d'une salle sur une autre, soit d'un lit sur un autre lit, afin de faire les mêmes mutations sur les tableaux et sur les billets rangés par ordre alphabétique.

42. Tous les jours, à six heures du matin en été, et à sept heures en hiver, le mouvement journalier doit être établi par l'Officier d'administration chargé du service des entrées.

43. Il a soin, pour cela, de classer par corps les billets des entrans et sortans de la veille, et de se faire apporter exactement les rapports des Infirmiers-majors, pour vérifier son mouvement sur le leur. S'il trouve quelque différence, il remonte de suite à la source, afin d'en reconnaître la cause et de prévenir toute erreur.

44. Après avoir terminé son mouvement, dont les expéditions doivent toujours être très-propres et très-lisibles, il s'empressera

de retirer de la boîte tous les doubles des billets des sortans désignés pour le lendemain à la visite du matin.

45. Il remplira tous ces billets avec une attention scrupuleuse avant de les enchemiser, et les enliassera pour être envoyés chez le Sous-Intendant.

46. Chaque jour le matin, après la sortie, il défalquera les sorties sur son registre et sur ses états de journées. Ceux-ci devront aussi être exactement tenus à jour. Ce n'est à la lettre qu'un compte-ouvert à tous les corps pour y inscrire, à leur date, l'entrée des hommes qu'ils envoient à l'hôpital, en défalquer ceux qui en sortent, et établir le montant des journées du séjour de chacun. Toutes ces opérations sont très-simples et il est presqu'impossible d'avoir des erreurs, lorsqu'on est à jour et qu'on opère avec ordre et méthode.

47. S'il y en avait, elles pourraient devenir funestes, car elles s'étendraient sur la comptabilité en objets de consommation, dont celle des entrées et sorties, ou la comptabilité en journées, proprement dite, forme la base.

48. Celui qui en sera chargé en sentira toute l'importance et se pénétrera bien de

la nécessité, comme de la facilité, sur-tout avec de l'ordre, de garantir de l'erreur toutes ses opérations. Le compte nominal de tous les malades se contrôle, tous les jours, par le compte numérique. Il est bien facile de comprendre que chaque mouvement journalier étant reporté, chaque jour, sur une feuille de mouvement mensuel, ce dernier doit présenter, à l'addition finale, un nombre de journées égal au total des journées que présente l'addition des mouvemens journaliers pendant le même mois.

49. Par la même raison, les trois mouvemens mensuels de chaque trimestre doivent présenter un nombre de journées égal au total de la récapitulation des feuilles nominales, ou compte-ouvert par corps, sur lequel s'inscrivent tous les entrans et se défalquent tous les sortans, en faisant ressortir toutes les journées de séjour de chaque malade pendant le trimestre.

50. On aura soin, dans le port des journées, de se rappeler que le jour de l'entrée d'un malade, quelle que soit l'heure à laquelle il est amené, compte pour une journée, mais non le jour de la sortie ni celui du décès. Par exemple, on compte vingt jour-

nées pour un homme entré le 1er du mois et sorti le 21 ; treize journées pour celui entré le 4 et mort le 17 du même mois : il en est de même pour les autres.

51. Après chaque enregistrement journalier, tant sur le registre d'entrée que sur le compte-ouvert, l'Officier d'administration chargé de ce travail doit compter exactement le nombre d'hommes enregistrés par lui, afin de vérifier s'il est égal au nombre de billets d'entrée, et de s'assurer qu'il n'en a pas oublié. Pour se faire une habitude qui le garantisse de toute omission, il doit, après avoir inscrit chaque billet sur le registre d'entrée, placer un R sur un des angles de ce billet, et après l'inscription sur le compte-ouvert, barrer cet R, afin que du premier coup d'œil il voie, en comptant ses billets, si tous ont été soumis à ce double enregistrement.

52. Il aura la même attention en défalquant les billets de sortie; il mettra un D après avoir défalqué sur le registre, et barrera cette lettre après sa défalcation sur l'état de journées ou compte-ouvert.

53. En multipliant ainsi les précautions pour prévenir les erreurs, il assurera l'exactitude de ses écritures, et gagnera tout le

temps qu'il perdrait dans la recherche des erreurs que le défaut d'ordre ou d'attention pourrait introduire; mais si malheureusement il s'en glissait quelqu'une, il ne doit rien négliger pour la trouver et la rectifier. Il doit toujours, dans ce cas, en prévenir le Directeur, qui lui indiquera la marche la plus sûre et la plus prompte à suivre en pareille circonstance.

CHAPITRE V.

DÉCÈS.

54. L'attention recommandée à l'Officier d'administration chargé du service des entrées, pour tout ce qui est relatif à son travail, doit redoubler en cas de décès. Aussitôt qu'il aura eu lieu et qu'il en aura été prévenu par l'Infirmier-major, il se fera apporter le billet de salle signé par l'Officier de santé de garde qui aura constaté la mort. Il réclamera tous les papiers que le défunt pouvait avoir à son lit, se procurera son livret, fera venir au besoin le cahier de visite, et prendra toutes les mesures nécessaires pour constater l'identité.

55. Il réunira ensuite toutes les pièces qu'il aura pu recueillir, et les soumettra au Directeur, avant de dresser la déclaration de décès, afin de multiplier les vérifications et de prendre toutes les précautions nécessaires pour qu'aucune altération ne puisse se glisser dans l'acte de décès.

56. Quand le Directeur a fait sa vérification, l'Officier d'administration dresse la déclaration qui doit être portée au bureau de l'état civil, fait l'enregistrement sur le registre de décès et établit les extraits mortuaires. Il dresse ensuite, de concert avec l'Officier d'administration chargé des effets des malades, l'inventaire des objets laissés par le défunt, et prépare la lettre d'avis pour le Maire de la commune dans laquelle il est né.

57. Cette lettre comprend le détail des objets laissés par le militaire décédé, afin que la famille puisse les réclamer. Elle indique les formalités à remplir pour justifier des droits d'héritier, et fait connaître le délai dans lequel la réclamation peut être faite, et l'époque à laquelle la vente et le versement à la caisse des dépôts et consignations auront lieu, en cas de non-réclamation en temps opportun.

CHAPITRE VI.

PESÉES DE LA VIANDE.

58. Tous les jours le matin, une demi-heure avant la mise de la viande à la marmite, pour la distribution du soir, l'Officier chargé des entrées établira la pesée de la viande.

59. On nomme ainsi le bulletin établissant le mouvement des malades restans, avec addition des entrans et soustraction des sortans, décédés et malades au régime maigre.

60. Le soir, avant la clôture du bureau, l'Officier chargé des entrées établit la pesée pour la distribution du lendemain matin.

61. La pesée comprend tous les malades et Infirmiers, et s'établit suivant le modèle ci-après :

HOPITAL MILITAIRE DE METZ.

Pesée de la viande du 182 ,
le soir.

Malades.	
Officiers de santé et d'administration de service.	
Infirmiers.	
Entrans.	
A déduire.	
Morts.	
Régime maigre.	
Reste pour la pesée.........	
Viande à mettre à la marmite...	

CHAPITRE VII.

MANIÈRE DE PROCÉDER A LA SORTIE DES HOMMES EN SANTÉ.

62. Après la distribution du soir, pour les sortans de la garnison (si tel en est l'usage), et tous les jours de grand matin, pour ceux

externes, l'Officier d'administration dirigeant les entrées fera l'appel des sortans, et s'ils sont nombreux, il les fera réunir dans une salle vide, ou l'été dans la cour, pour que la sortie soit régulière et complette.

63. Si les sortans sont peu nombreux, il les réunira dans son bureau et veillera toujours à ce qu'ils soient propres et visités par le Portier.

64. Dans tous les cas, et quel que soit le lieu de la réunion, ils devront y être conduits par les Infirmiers-majors, pour s'assurer qu'ils ont rendu tout ce qu'ils avaient appartenant à l'hôpital; mais ils ne doivent jamais attendre, et l'on doit tout préparer d'avance, pour que la sortie se fasse bien, avec célérité et commodément pour les sortans.

65. S'il se trouve plusieurs sortans du même régiment, tous les billets de sortie seront remis au sous-officier chargé de la conduite, ou, à son défaut, au plus ancien sous-officier, caporal ou soldat, parmi les sortans, et, dans ce cas, on gardera le nom de celui auquel on aura confié les billets, pour y avoir recours en cas de réclamation.

66. L'Officier chargé du service des en-

trées aura soin de faire délivrer aux sortans externes les portions auxquelles ils ont droit.

CHAPITRE VIII.

RECOMMANDATIONS PERSONNELLES A L'OFFICIER D'ADMINISTRATION CHARGÉ DES ENTRÉES, SUR LA MANIÈRE DE RECEVOIR LES MALADES ; NÉCESSITÉ DE MAINTENIR LA PROPRETÉ ET LE BON ORDRE DANS SON BUREAU.

67. Outre les diverses instructions rapportées dans les chapitres précédens, l'Officier d'administration auquel est confié le service des entrées doit, ainsi que ses camarades, étudier tous les articles du réglement qui concernent les admissions à l'hôpital, les entrées, sorties et décès. Il faut qu'il en fasse des extraits, pour lui servir de guide dans toutes ses opérations, et il ne doit même pas borner là ses études; car il peut être souvent questionné sur plusieurs autres points, par des malades ou autres personnes visitant l'établissement, et il serait pénible pour son amour-propre d'ignorer les dispositions du réglement qui constituent les élémens du code hospitalier.

La considération dont il jouira sera toujours proportionnée à l'étendue de ses connaissances; mais il ne doit rien affirmer sans en être bien sûr, et il faut que sa modestie fasse pardonner ce qu'il ne sait pas ou ajoute au mérite de ce qu'il sait. Le ton tranchant nuit à l'instruction et sur-tout à celui qui le prend. Il doit aussi se distinguer par sa politesse, sa complaisance, sa prévenance pour les malades ou toutes les personnes qui s'adressent à lui. Il faut qu'il soit toujours en uniforme, ainsi que ceux qui travaillent habituellement avec lui.

68. La plus grande propreté doit régner dans son bureau; il faut que tout y soit dans un ordre parfait et que sa tenue donne une prévention avantageuse de celle de l'hôpital, comme il faut que sa douceur, son urbanité, sa patience, qui doivent être partagées par ses collaborateurs, fassent présager de quelle manière les malades seront accueillis et traités dans l'intérieur. Il doit bien se convaincre que tout le monde cherche à juger un établissement dès les premiers pas qu'il y fait, et que les premières personnes qu'on y trouve sont responsables, envers les autres, de l'idée plus ou moins avantageuse qu'elles contribuent à en donner.

69. C'est principalement le malade, qui, presque toujours, vient malgré lui à l'hôpital, qui doit recevoir au bureau des entrées la garantie des procédés, des soins et attentions dont il sera l'objet; il faut que l'accueil qu'il y reçoit le console du chagrin qu'il éprouve et du mal qu'il souffre, lui inspire de la confiance et lui donne l'espoir de trouver dans l'hôpital ce qu'en pareille circonstance il trouverait dans sa famille. Les camarades qui l'y auront conduit, qui auront été eux-mêmes bien accueillis, qui auront été témoins de l'affabilité avec laquelle le malade aura été reçu, retourneront à la caserne sans inquiétudes sur son sort, et n'en concevront aucune pour eux-mêmes, quand le dérangement de leur santé les y amènera. Il est une grande vérité que les Hospitaliers ne doivent pas perdre de vue; c'est que la répugnance qu'éprouvent naturellement les militaires pour venir à l'hôpital, est fondée sur la mauvaise réputation de ces établissemens, sur l'incurie, sur l'insouciance avec lesquelles ils y sont traités, sur l'indifférence souvent dédaigneuse avec laquelle ils y sont reçus à l'époque de leur admission. Par une conduite différente et bien soutenue, tant à

l'entrée que pendant le séjour des malades, les Officiers d'administration feront disparaître cette répugnance, dont l'effet ordinaire est de rendre les maladies plus graves, en en faisant dissimuler le principe, toujours dans l'espoir d'éviter l'hôpital. Quand les militaires ne le craindront plus, ils s'y présenteront avec confiance, les indispositions ne deviendront plus des maladies graves, et l'administration sera absoute du reproche qu'elle ne mérite que trop généralement.

70. Les deux Officiers chargés du bureau des entrées et du magasin des effets des malades, doivent s'entendre et se concerter entr'eux pour se prêter un secours mutuel, et ne s'absenter jamais ensemble du bureau d'entrée, à moins qu'ils n'y soient remplacés l'un et l'autre par un de leurs camarades. Ils doivent s'entr'aider dans les réceptions, les inscriptions et les enregistremens.

CHAPITRE IX.

SERVICE DES ÉVACUATIONS.

Entrées par évacuation.

71. Parmi les malades faisant partie d'une évacuation, il s'en trouve toujours qui, très-fatigués par le voyage, ont besoin de secours prompts, et les Officiers d'administration doivent s'occuper d'abord de ce qu'il est essentiel de faire pour qu'ils puissent les recevoir de suite.

72. Les évacuations étant presque toujours annoncées à l'avance, l'Officier d'administration chargé des entrées doit consulter le Directeur sur la manière dont il est le plus convenable de les recevoir. On indique alors un endroit clos, couvert et chauffé, selon la saison et le temps, dans lequel les évacués sont immédiatement conduits.

73. Après avoir appelé l'Officier de santé de garde, pour désigner d'abord tous les hommes qui, par la gravité de leur état, exigent de prompts secours, l'Officier d'administration en prendra note sur la feuille

d'évacuation, et les fera de suite transporter dans les salles, en chargeant un Infirmier-major de lui rapporter l'indication exacte des lits dans lesquels ils auront été placés.

74. Ce premier devoir rempli, il fera, pour tous les autres, des billets de salle, avec tous les détails nécessaires, et les enverra successivement au vestiaire, où se fera le dépôt de leurs effets, avec toutes les précautions convenables contre la confusion et les méprises, mais aussi avec l'attention de n'en laisser pénétrer aucune partie dans les salles, car, presque toujours, ils en altèrent sensiblement la salubrité.

75. Il notera sur la feuille d'évacuation tous les billets faits à mesure qu'ils seront terminés, et quand tous les entrans par évacuation auront été reçus, toujours dans l'ordre d'urgence indiqué par l'état de chaque malade, il fera des billets de salle pour tous ceux qui auront été placés avant de remplir cette formalité.

76. Les billets étant tous établis, il en fera l'appel sur la feuille d'évacuation, en pointant tous les absens, afin de ne donner le reçu que de ceux qui se seront présentés; les noms des absens seront toujours légèrement barrés, pour pouvoir facilement les reconnaître, sans cesser de lire leurs noms.

77. Il devra ensuite faire les billets doubles; mais avant de les enregistrer et de placer aux tableaux les cartons de chacun, il aura soin de vérifier dans les salles si tous y sont et occupent exactement les lits annotés pour chacun.

78. Tous ces billets ayant été, dans cette vérification, entièrement complettés, seront collationnés l'un sur l'autre; on en remettra un au lit de chaque malade, et le second servira d'abord à établir le carton, à marquer sa place sur les tableaux, et quand ils auront été tous enregistrés avec le soin convenable, ils seront placés dans la boîte, par ordre alphabétique.

79. Pour pouvoir faire toutes ces opérations avec la célérité nécessaire aux malades et la régularité réclamée par la comptabilité, l'Officier dirigeant les entrées aura soin de s'assurer, à l'avance, les moyens propres à remplir ce double but. Il aura recours à l'obligeance de ses camarades, et se servira de tous les subalternes que leur instruction mettra à même de pouvoir leur être utiles.

80. Les billets d'entrée seront représentés, dans la comptabilité, par la feuille d'évacuation, qui servira pour tous ceux y portés

qui seront entrés le même jour. S'il s'en présente, le lendemain ou après, qui ne soient pas porteurs d'un billet particulier, il faut, après avoir vérifié les motifs du retard, établir un billet d'entrée relatant l'inscription sur la feuille d'évacuation, si le malade est reconnu dans le cas d'une admission d'urgence, ou s'il ne peut justifier le retard apporté par lui, s'il est en état d'aller chez le Sous-Intendant, il y est envoyé avec un extrait de la feuille d'évacuation, duement certifié et portant l'avis du Chirurgien de garde sur sa santé. Le Sous-Intendant prononce s'il doit être admis.

81. L'Officier d'administration chargé des entrées doit particulièrement veiller à l'inscription bien exacte des évacuations antérieures sur d'autres hôpitaux d'où le malade a été successivement évacué, avant d'arriver au dernier. Il sentira bien que, sans cette attention, le militaire passant ainsi dans divers hôpitaux pourrait être puni de la faute de ceux qui auraient négligé cette inscription, qui justifie son absence du corps.

Sorties par évacuation.

82. Quand le départ d'une évacuation doit avoir lieu, l'Officier d'administration dirigeant les entrées doit réunir tous les billets de salle des hommes désignés par les Officiers de santé pour être évacués. Il dresse les feuilles d'évacuation dans l'ordre de bataille et les prépare avec tout le soin qu'exige le réglement; il s'entend avec son camarade chargé des effets des malades, pour que la remise puisse leur en être faite le jour du départ et avant l'heure fixée.

83. Tout étant ainsi préparé la veille, il réunit tous les malades dans un endroit clos, couvert et chauffé au besoin, assez à temps pour qu'ils puissent y être rangés selon l'ordre observé dans la feuille d'évacuation, et qu'on puisse, après en avoir fait l'appel, leur distribuer tout ce qui leur est prescrit en alimens; mais il doit avoir l'attention de ne jamais les faire descendre trop tôt, afin qu'ils ne puissent pas souffrir d'une attente trop longue.

84. Il est essentiel qu'ils ne soient plus dans les salles à l'heure à laquelle s'y fait la visite, et où leur présence pourrait occasionner de la confusion.

85. Quand les voitures arrivent, l'Officier d'administration doit les faire ranger dans l'ordre nécessaire pour qu'elles puissent défiler sans désordre et sans obstacle; il y fait placer d'abord les malades qui ont besoin d'attentions particulières, et il y fait ensuite monter tous les autres, suivant leur rang d'appel et à mesure qu'il le fait.

86. Le départ offrant moins de difficultés que l'arrivée des évacuations, il doit y mettre au moins la même célérité et la même régularité.

87. Chaque évacuation un peu considérable étant accompagnée par un Officier d'administration, c'est devant lui que doit être fait l'appel du départ, et c'est à lui qu'on remet les feuilles d'évacuation, en double expédition : l'une sert de billets d'entrée pour l'hôpital qui la reçoit, et l'autre, acquittée après l'arrivée, sert de billet de sortie pour l'hôpital qui a envoyé l'évacuation.

88. C'est cet Officier d'administration, auquel est confiée la conduite des évacuations, qui doit être chargé de diriger les Infirmiers, de veiller sur les charretiers, de tenir la main à ce que les voitures soient au nombre nécessaire et garnies de paille et de bâches; c'est lui enfin qui est respon-

sable de l'ordre pendant la route, et des effets appartenant soit aux malades, soit aux Hôpitaux. Le détail de ses fonctions est l'objet d'une instruction particulière.

CHAPITRE X.

EXPLICATIONS RELATIVES AUX TABLEAUX ET A LA BOÎTE DONT L'USAGE EST INDIQUÉ AUX ARTICLES 30 ET 40 DE CETTE INSTRUCTION.

89. Pour l'intelligence de l'instruction sur le service du bureau des entrées, il convient d'indiquer ce que sont le tableau, art. 30, et la boîte, art. 40, dont il est fait mention, et quel est le degré d'utilité qu'on retire de leur usage.

90. Le tableau est un assemblage de petites feuilles de fer-blanc soudées l'une sur l'autre par le bas, dans la forme des souvenirs que l'on place sur sa cheminée, pour aider sa mémoire, pendant chaque jour de la semaine.

91. Ces plaques de fer-blanc superposées ont six centimètres de largeur et se recouvrent mutuellement, à trois centimètres au-dessous l'une de l'autre, présentant des bandes per-

pendiculaires que l'on fixe sur une ou plusieurs planches, au nombre suffisant pour avoir autant de crans qu'il y a de lits dans chaque salle. Ces bandes perpendiculaires sont éloignées l'une de l'autre de trois centimètres, et cet espace intermédiaire est rempli par des numéros correspondans à chaque cran.

92. En combinant ensuite la contenance de chaque salle, on fait un tableau pour chacune, ou un grand dans lequel on comprend plusieurs salles, en les distinguant l'une de l'autre par leurs noms ou leurs numéros.

93. Ce ou ces tableaux établis, on met à chaque cran un petit carré long de carton ou papier fort, sur lequel on inscrit le nom du malade occupant le lit correspondant au numéro du tableau. Ce carton, sur lequel le nom doit être écrit en gros caractère, porte en abrégé ses prénoms et l'indication de son corps, pour le distinguer au besoin d'un autre portant le même nom.

94. Quand tous les crans des numéros correspondans aux lits occupés dans les salles sont remplis exactement, et quand les mutations qui ont lieu dans les salles sont suivies avec soin sur ces tableaux, ils pré-

sentent à l'Officier d'administration un résultat satisfaisant.

95. Il voit d'un coup-d'œil quels sont les numéros vacans dans chaque salle, il peut facilement désigner la place à occuper par chaque entrant, et quand il s'est familiarisé avec la relation qui existe entre les salles et le tableau, il suit, sans se déranger, tous les mouvemens qu'il peut être chargé de faire opérer, soit qu'on veuille faire refluer les malades d'une salle sur l'autre, soit qu'on reconnaisse le besoin ou l'avantage de telle autre disposition générale ou partielle.

96. On y trouve encore un moyen de vérification facile et prompt, soit pour contrôler les rapports des Infirmiers-majors, soit pour contrôler le mouvement.

97. Ils offrent également une ressource précieuse, quand, dans les grands mouvemens de malades, les billets des décédés ne sont pas trouvés sur la tablette de leur lit.

98. La boîte destinée à recevoir les billets de sortie doubles doit avoir la longueur convenable pour y placer, debout et sans les serrer, autant de billets que la contenance de l'Hôpital peut recevoir de malades; sa largeur doit être proportionnée à la longueur du billet, et sa hauteur avoir les deux

tiers de celle du billet. On tire parti d'une boîte plus longue, en y pratiquant des petites coulisses de chaque côté, pour y placer, soit des planchettes, soit des cartons de la même hauteur que la boîte, qui aident à maintenir les billets debout, quand ils sont en petit nombre.

99. Les billets doubles de sortie portant tous, à la partie supérieure, l'indication du lit et de la salle de chaque malade, étant remplis jusqu'à sa sortie, inclusivement, sont placés dans ces boîtes par ordre alphabétique.

100. On y trouve l'avantage,

1° D'avoir toujours la collection complète des billets placés de manière à être comptés facilement, quand on le juge utile ou quand on en éprouve le besoin;

2° De pouvoir retirer promptement tous les billets de ceux dont la sortie est prononcée à chaque visite;

3° Enfin de pouvoir indiquer, à l'instant même, la salle et même le lit de chaque malade à tous ceux qui viennent pour le visiter ou prendre sur lui des renseignemens.

101. L'emploi de ces tableaux et boîtes ne donne lieu à aucun travail difficile, il n'exige pas beaucoup de temps, et on est bien dé-

dommagé des soins qu'on donne à leur tenue, par la satisfaction qu'on en retire pour la sûreté de ses opérations.

Il donne d'ailleurs aux personnes étrangères à l'Hôpital une preuve de l'ordre qui est suivi dans le travail, et une prévention favorable pour celui qui doit régner dans l'intérieur.

CHAPITRE XI.

RÉSUMÉ DES DEVOIRS DE L'OFFICIER D'ADMINISTRATION CHARGÉ DES ENTRÉES.

102. L'Officier d'administration chargé de la direction des entrées doit se bien pénétrer de la présente instruction, qui le guidera dans la plupart des opérations que le réglement prescrit, et se convaincra que l'importance de son travail ne lui permet pas d'agir légèrement dans des circonstances imprévues, nouvelles ou douteuses. Dans ce cas, il doit toujours s'adresser au Directeur, qui, vu sa responsabilité, a besoin d'être consulté toutes les fois qu'elle peut être compromise. C'est un devoir que ne doit jamais négliger celui auquel sont confiées

des fonctions plus honorables que difficiles. Elles exigent une grande assiduité et une scrupuleuse exactitude. L'Officier dirigeant les entrées ne doit jamais s'en éloigner, sans y être remplacé par un de ses camarades, avec lequel il doit combiner ses absences de manière que le bureau ne soit jamais laissé à la merci d'un subalterne. Pour aider sa mémoire, on présente ici un sommaire de ses devoirs dans les différentes parties qu'ils embrassent.

Réception d'un malade.

1° Vérification du billet d'entrée;

2° Questions y relatives;

3° Billet de salle;

4° Inventaire des effets;

5° Enregistrement de l'argent et des bijoux;

6° Reconnaissance à en donner;

7° Numéro de ce dépôt particulier à inscrire au dos du billet de salle, après l'indication des effets;

8° En cas de non dépôt, mention à la même place de la déclaration du malade;

9° Inscription sur les billets des numéros de la salle et du lit qui lui sont destinés;

10° Carton à mettre au tableau;

11° Envoi du malade, 1° au vestiaire, 2° à la chirurgie, 3° dans la salle;

12° Surveillance à exercer sur le véritable placement du malade, et sur la remise exacte, à son conducteur, des effets semblables à ceux qui lui ont été donnés au vestiaire;

13° Enregistrement du billet d'entrée;

14° Etablissement du double billet de sortie pour la boîte;

15° Précaution de collationner le registre et le billet double avec celui d'entrée;

16° Soin de mettre chaque billet d'entrée et de sortie double en un carton, où ils seront placés dans une chemise distincte jusqu'au lendemain;

17° Le lendemain, inscription sur la chemise du nombre de billets d'entrée;

18° Leur nombre comparé avec celui des billets doubles;

19° Vérification faite sur les rapports des Infirmiers-majors;

20° Placement des billets doubles dans la boîte;

21° Envoi des billets d'entrée à la signature des Officiers de santé en chef, à l'époque de leur visite;

22° Les enliasser dans la chemise, en ordre de bataille, et les envoyer à la signature du Sous-Intendant.

Sortie d'un malade.

1° Remise au bureau des billets des sorties prononcées à chaque visite;

2° Retirer les doubles de la boîte;

3° Les remplir;

4° Les renvoyer à la signature de l'Officier de santé en chef;

5° Les enliasser dans une chemise, par ordre de bataille, et les envoyer à la signature du Directeur, puis du Sous-Intendant;

6° Le soir, pour les hommes de la garnison (si tel est l'usage dans la place), ou le lendemain pour les externes, faire l'appel des sortans, et leur remettre leurs billets quand ils ont rendu leurs effets d'hôpital et retiré les leurs;

7° Après la sortie totale, défalcation sur le registre et le compte-ouvert.

Mouvemens et pesées de la viande.

1° Tous les jours, après vérification des rapports des Infirmiers-majors, établir le mouvement du jour;

2° En garder la minute;

3° Une expédition pour la direction;

4° Une pour le Sous-Intendant, ayant au dos les rapports des Officiers de visite de la veille;

5° Une pour l'Intendant;

6° Une pour le Commandant de la place, portant au dos le nombre de sortans, par corps, désignés pour le lendemain;

7° Mouvement mensuel tenu à jour;

8° Pesées de la viande à faire tous les jours le matin pour le soir, et le soir pour le lendemain matin.

Décès.

1° Réunion de toutes les pièces ou papiers déposés par le défunt ou rapportés de son lit;

2° Remise à la direction;

3° Déclaration de décès;

4° Enregistrement;

5° Trois extraits mortuaires;

6° L'état nominatif des décès pour chaque arme et à certifier par l'Officier de l'état civil;

7° Avis à donner aux familles.

Comptabilité.

1° Registre d'entrée, enregistrement et défalcation chaque jour;

2° Arrêté tous les mois par le Directeur;

3° Tous les trois mois, report des restans;

4° Compte ouvert par corps, enregistrement et défalcation chaque jour;

5° Feuilles nominales tenues au courant et à jour comme le compte-ouvert;

6° Une par corps pour les militaires en troupe;

7° Une par service, pour chaque administration militaire;

8° Une par division militaire, pour les militaires sans troupe, selon leur résidence;

9° Une par ministère, pour ceux étrangers au département de la guerre.

10° Une par puissance, pour les militaires étrangers;

11° Récapitulation du compte-ouvert;

12° Récapitulation numérique des feuilles nominales.

INSTRUCTIONS

POUR

LES MAGASINS DU LINGE ET DU MOBILIER.

CHAPITRE Ier.

DEVOIRS GÉNÉRAUX.

ART. 1er. La garde et la distribution du mobilier, principalement du linge, sont, dans tous les hôpitaux, des fonctions importantes qui, anciennement, formaient avec raison les principales attributions de l'Hospitalier du grade le plus élevé après le Comptable.

C'est dans la confiance qu'inspirent la probité, l'exactitude, l'intelligence et l'esprit d'ordre de l'Officier auquel est confié tout le mobilier, que le Directeur trouve la première garantie dont il a besoin, avec la responsabilité qui lui est imposée, d'une grande quantité de valeurs éparpillées dans toutes les parties d'un grand établissement.

2. Il est essentiel que l'Officier qui en est dépositaire, par les soins duquel tous ces objets épars sont sans cesse rappelés

au centre, pour être continuellement répartis de nouveau, et qui, dans ce mouvement perpétuel, doit toujours veiller à leur bonne conservation, il est bien essentiel que cet Officier mette, dans toutes ses opérations, l'ordre le plus parfait et la surveillance la plus active. Cependant il ne faut pas que sa responsabilité l'effraie; elle devient facile par la régularité de son travail. Si tous les objets répartis au dehors sont exactement reconnus et enregistrés par lui, si tous ceux qu'il a dans ses magasins sont bien placés et rangés avec ordre, il ne rencontrera aucune entrave, puisque sa responsabilité se borne à ce qu'il a sous ses clés. Tout ce qu'il a en dehors est à la charge de tous ceux qu'il a rendus responsables par la régularité de ses inscriptions.

3. Il aura soin que tous ses comptes-ouverts soient à jour, tant ceux tenus avec les salles et les différens services, que ceux avec la buanderie et l'attelier du linge; il évitera, autant que possible, de donner ou recevoir des bons d'acompte, parce qu'ils donnent lieu aux erreurs et favorisent la confusion ou les abus.

4. Bien convaincu que la méthode, en

tout, est le moyen le plus sûr, le plus facile et le plus prompt, dans chacune des opérations qui lui sont confiées, l'Officier d'administration chargé du magasin s'appliquera à en mettre en toutes choses, et formera son aide à suivre ce principe. Il faut que tout soit raisonné et calculé de manière à ne pas perdre de temps inutilement, à disposer de telle sorte les objets à l'usage le plus journalier, qu'ils soient placés le plus à sa portée possible, toujours faciles à compter, et avant de faire un placement quelconque, il doit bien réfléchir sur les avantages ou les inconvéniens qui se trouvent dans tel ou tel endroit, afin de ne pas occasionner des déplacemens fréquens toujours fatigans et difficiles à justifier.

5. Il sait quels sont les locaux les plus propres à la conservation de chaque nature d'objets : le linge, les ustensiles en cuivre, fer-blanc et fer-noir, exigent les emplacemens les plus exempts d'humidité; les lainages ont besoin d'être placés dans des endroits frais et susceptibles d'être privés de lumière; la tonnellerie ne se conserve bien que dans des lieux peu humides. Il cherchera à concilier ces dispositions avec les besoins divers de chaque partie, en évitant

de trop disséminer les objets, ou de trop les éloigner de lui et de les mettre dans des lieux mal clos.

6. Il doit savoir aussi quels sont les meilleurs procédés de manutention pour la conservation, en bon état, des différentes parties du mobilier.

7. Beaucoup de propreté pour tout et partout; ouvrir et fermer à propos, suivant que l'air est plus sec ou plus humide; faire mettre à l'air, battre, puis priver d'air certains objets en laine; essuyer les ustensiles, enfin prévenir toute détérioration par les moyens les plus simples; observer l'état de tout; en rendre fréquemment compte pour tenir toujours le Directeur au courant des détails de son service: telle est la conduite par laquelle l'Officier chargé du mobilier ne peut manquer de faire un service agréable pour lui et avantageux pour l'administration.

8. Il doit veiller à l'état dans lequel lui sont rendues les fournitures des décédés, et généralement tous les matelas qui sortent des salles; s'ils ne sont que légèrement mouillés, il les fera étendre sur des tréteaux, pour les y faire sécher; mais si leur dessication est lente, ou si, par leur odeur, ils annoncent quelque fermentation intérieure,

ou seulement une profonde imbibition, il les fera détayer, pour que les toiles soient de suite lavées et la laine étendue de manière à sécher en peu de temps. Si la laine est imprégnée de sang, de pus ou de matières fécales, il la fera également laver de suite, avant de l'étendre. Quand un matelas se trouvera dans cet état, il faut vérifier comment cela a pu avoir lieu, parce qu'il est difficile qu'il n'y ait pas une négligence grave, qui ne doit pas rester sans punition.

9. La même attention à découvrir les coupables de négligence ou autres causes qui ont amené la détérioration ou dégradation des effets, quels qu'ils soient, est un des principaux devoirs de l'Officier préposé à la conservation du mobilier. Il doit y mettre beaucoup d'activité et de zèle, parce que les fautes qui amènent ces résultats ont une conséquence bien funeste pour les malades ou pour le mobilier, et exigent des punitions sévères, sans préjudice à la réparation des dégâts.

10. L'Officier chargé du mobilier doit faire de fréquens recensemens dans les salles, pour vérifier si le nombre des objets portés sur le compte-ouvert avec chacun y existe réellement, et pour s'assurer de l'état dans

lequel sont tous ces objets. S'il en reconnaît de mal entretenus ou dégradés, il les fera changer et rendra compte au Directeur des négligences comme du soin des Infirmiers-majors et Infirmiers.

Il verra quel est l'état des coffres ou armoires, et reconnaîtra les lits pour avoir la certitude qu'il n'y manque ni barres de fond, ni tasseaux, ni autres articles essentiels à leur bonne conservation ou à la commodité des malades.

11. La vaisselle, et généralement tous ce qui fait partie du mobilier, doit être l'objet de sa surveillance.

CHAPITRE II.

LINGE.

12. L'objet le plus important dans le mobilier est incontestablement le linge, attendu que la quantité en est assez considérable, qu'il a une grande valeur, demande beaucoup de soins pour sa conservation, et est d'autant plus exposé aux abus, qu'il est confié à un plus grand nombre de personnes et convient à toutes.

13. Il est nécessaire qu'il soit placé avec ordre et même avec symétrie, parce que l'œil, qui en est agréablement flatté, est aussi vivement frappé du moindre dérangement; de là, l'attention est excitée : elle conduit à la vérification et rend la surveillance plus active et plus efficace.

14. Le linge doit toujours être disposé sur des tablettes, toujours isolé des murs et garanti de toute humidité.

15. Il doit être toujours classé suivant sa qualité, et, dans tout magasin bien tenu, on reconnaîtra toujours ce classement ménagé de manière à éviter toute méprise.

16. Les draps, chemises, coiffes, serviettes et autres d'un usage aussi journalier doivent toujours se trouver réunis à la portée de celui qui doit en faire la distribution.

CHAPITRE III.

ÉCHANGE DU LINGE.

17. La distribution journalière se faisant par échange, il faut, pour empêcher les erreurs, ou être à même de les rectifier, que l'Officier chargé du magasin prépare

à l'avance, sur des tables à sa portée, la quantité présumée nécessaire à l'échange de chaque jour.

Cette préparation sera basée sur le montant des échanges de la veille, dont on fera journellement le relevé sur un cahier particulier.

18. Quand l'heure de l'échange est arrivée, l'Officier chargé du magasin fait tinter six coups, au son desquels les Infirmiers doivent se rendre sur-le-champ au magasin du linge sale. Il les fait ranger dans la cour, si le temps le permet, ou dans le vestibule du magasin, si le temps est mauvais. Il veille à ce qu'ils y restent en silence et dans l'ordre de leur arrivée. Il charge son aide de recevoir le linge sale, avec toutes les précautions nécessaires, pour ne pas être trompé sur le nombre, pour reconnaître les objets dégradés ou d'une trop grande mal-propreté, et pour savoir toujours quel est celui qui les présente, afin de pouvoir remonter à la source du mal. Il l'accoutume à faire étendre tout ce qui lui est apporté, afin de juger l'état de chaque pièce, et l'habitude, une fois contractée par les Infirmiers, de ne rien jeter sur les tréteaux qu'en développant toutes les pièces l'une

après l'autre, les rend plus attentifs dans la surveillance de leur linge, les empêche qu'on mette l'une sur l'autre des pièces mouillées, et rend les tas du linge plus solides.

19. A mesure que le linge sale est apporté, examiné, compté et placé sur des tréteaux, l'aide qui a vérifié la note dont chaque Infirmier doit être porteur, la lui remet, après l'avoir timbrée du mot *juste*, ou y avoir inscrit les différences remarquées par lui.

20. L'Infirmier la porte à l'Officier qui l'attend au magasin du linge propre, et qui lui remet les mêmes quantités des mêmes objets portés sur la note.

21. Il faut toujours que cette opération soit prompte, parce que tout retard gênerait le service des distributions; cependant, tout en y mettant le plus de célérité possible, l'Officier chargé du magasin veillera à ce qu'elle se fasse avec toute la régularité et la mesure indispensables.

22. Après qu'elle est terminée, il réunit toutes les notes d'échange et en compare le montant avec celui du linge préparé à l'avance; s'il se trouve juste, il est récompensé de ses précautions; mais s'il reconnaît une

différence, il s'occupe de suite à en trouver la cause.

23. Pour faciliter ses échanges, quand il y a quelque vérification à faire, il est important qu'il se mette toujours en état de reconnaître, même sur les tréteaux, le linge apporté dans la matinée, et cela peut avoir lieu facilement, au moyen de quelques remarques ou en couvrant, chaque jour, le linge antérieur par un drap ou une paillasse étendue, qui l'empêche d'être confondu avec le nouveau.

24. Si l'échange du linge a occasionné quelque déplacement, il est nécessaire qu'immédiatement après tout soit remis à sa place.

25. L'Officier du magasin visite ensuite celui du linge sale, pour voir si tout y est dans l'ordre convenable; s'il y a des pièces mouillées, il les fait étendre ou porter à la buanderie, en faisant revenir la même quantité de linge propre, pour éviter les écritures.

CHAPITRE IV.

BLANCHISSAGE DU LINGE.

26. Quand il y a assez de linge sale pour une lessive, l'Officier prévient le Chef de la buanderie et lui en fait la remise, après l'avoir fait compter exactement et l'avoir porté sur le compte-ouvert en double, qu'il doit tenir avec lui.

27. Après avoir envoyé le linge sale à la buanderie, l'Officier chargé du magasin doit l'y suivre dans toutes les opérations qu'il y subit.

28. Il doit y surveiller la qualité des lessives, l'emploi des matières alcalines, leur quantité et leur qualité, le coulage et le lavage.

29. Il s'assure, par lui-même, du travail des laveuses, il remarque leur adresse ou leur courage, afin de voir quelles sont celles qu'il convient de garder ou de renvoyer : il mettra au nombre de ces dernières celles qui emploieraient le tranchant de leur battoir ou des brosses.

30. Il surveillera l'emploi du savon et

des combustibles; il en fixera les quantités, qu'il enregistrera sur le carnet destiné aux objets de consommation.

31. Il examinera souvent le linge aux étendoirs; c'est là qu'il pourra juger de son degré de propreté : il en fera ôter, pour remettre à la lessive, tout ce qui aurait été mal lavé.

32. A la rentrée de chaque lessive au magasin, il aura soin de tenir prêtes et sans aucun voisinage des piles incomplettes, autant de cases vides qu'il en faudra pour y placer la lessive. Comme il ne doit pas permettre qu'on lui rapporte du linge encore humide, ou qui ne soit pas complètement sec, il fera, de suite, placer dans ces cases vides le linge arrivant de la buanderie; il n'y aura aucune perte de temps, comme quand on fait arriver le linge sans précautions préalables, et qu'on le dépose sur des tablettes, ou sur le plancher, pour le compter avant de l'arranger. On a remarqué sa place à l'avance; on l'y met et on le compte alors facilement et sûrement.

CHAPITRE V.

CLASSEMENT DU LINGE.

33. L'Officier d'administration chargé du magasin fera d'abord lui-même, ou fera faire, en sa présence, par son aide ou le maître buandier, le classement du linge, afin que celui rentrant de la lessive puisse être immédiatement classé, comme il doit l'être, suivant ses qualités; savoir : 1° le bon ou médiocre; 2° celui à grandes réparations; 3° celui qui n'en réclame que de petites; 4° enfin celui hors de service.

34. Ce classement fait au séchoir, évite dans l'intérieur du magasin beaucoup de temps perdu, d'embarras et de main-d'œuvre. Il faut, pour s'y reconnaître et distinguer facilement chaque classe, adopter pour chacune une manière différente d'en plier les pièces.

35. Tout le linge hors de service, ou à grandes réparations, se place au grenier, si l'on n'a plus assez d'emplacement sous la main, et le linge à petites réparations s'envoie à l'atelier.

CHAPITRE VI.

RÉPARATIONS DU LINGE.

36. Le linge à réparer est l'objet particulier d'un compte ouvert avec la maîtresse ouvrière.

37. Le linge lui est toujours livré au poids et compté à la pièce.

38. Elle doit le rendre au même nombre et au même poids.

39. Les réparations sont surveillées par l'Officier d'administration chargé du magasin; il s'assurera de la manière dont elles seront faites et pourra faire mettre à part le travail de chaque ouvrière, pour mieux apprécier son habileté, son adresse et la manière dont elle aura employé son temps, et pour bien juger quelles seront celles à conserver ou à renvoyer.

40. Il remettra, au fur et à mesure, à la maîtresse ouvrière, les aiguilles, le fil, le cordon et les autres objets nécessaires aux réparations, et les inscrira sur son compte.

41. Quand on s'occupera des grosses réparations, il prendra des précautions pour

que les petites ne soient jamais interrompues et soient toujours faites à mesure que le linge qui en sera susceptible rentrera de la lessive.

42. En faisant la remise à l'atelier du linge à grandes réparations, il ajoutera la quantité de pièces nécessaire pour le réparer.

43. Il pèsera à part le linge à réparer et le linge pour pièces. Il veillera à ce que les pièces soient bien cousues, bien assorties et placées avec intelligence, propreté et économie.

En pesant le tout à sa rentrée, il jugera facilement si le déchet n'est pas trop considérable, pourvu qu'il ait eu soin de ne donner que des objets parfaitement secs.

44. Il pèsera de même le linge à pansement qu'il donnera à découper, pour qu'on lui rende également le même poids en linge découpé, en ourlets ou autres débris.

45. L'opération du pesage de tout ce qui sort du magasin pour aller à l'atelier, et de tout ce qui rentre de l'atelier au magasin, est trop importante pour qu'il n'y mette pas toute l'attention possible, puisque c'est par là qu'il évitera tous les abus que peuvent se permettre des ouvrières, assez généralement trop peu connues.

46. L'Officier chargé du magasin tiendra un registre journalier des ouvrières employées à l'atelier.

47. Aucune ouvrière ne sera admise à l'atelier qu'avec une autorisation du Directeur ou de l'Officier chargé du magasin, qui, outre son registre, tiendra un mouvement numérique et par jour.

48. Il fera tenir par la première ouvrière un livret sur lequel elle inscrira, chaque jour, le nombre de journées par chaque ouvrière qui aura sa page particulière. Le dernier jour de chaque mois, il retirera ce livret, pour en faire la comparaison avec ses écritures.

CHAPITRE VII.

ATELIER DES RÉPARATIONS.

49. L'atelier des réparations du linge, où se coupe en même temps le linge à pansement, est dirigé par une première ouvrière qui est chargée de distribuer le travail à celles composant l'atelier, d'y maintenir l'ordre et la décence, et de rendre compte de la manière dont chacune s'y conduit ou y travaille.

50. En exigeant de toutes les ouvrières une tenue décente et une conduite sage, elle doit les traiter avec beaucoup d'égards et tempérer la fermeté nécessaire, par beaucoup de douceur et de politesse.

51. Elle recevra au nombre et au poids tous les effets qui lui seront confiés pour être réparés ; elle les rendra de même et sera responsable de tout ce qui lui aura été remis.

52. Elle distribuera le travail à chaque ouvrière, suivant l'aptitude ou l'habileté de chacune ; elle les guidera, les surveillera dans leur travail, préparera et assortira toutes les pièces qu'elle devra leur donner toutes coupées, dans les dimensions nécessaires, et tiendra note de l'ouvrage fait par chacune d'elles.

53. En recevant le travail de chaque ouvrière, elle le visitera avec soin, pour s'assurer que tout aura été proprement et solidement cousu ; elle aura soin que le fil soit toujours assorti à chaque ouvrage, et elle en fera la distribution, de même que des autres objets nécessaires.

54. Elle fera recommencer tout ouvrage mal fait, et notera le temps qu'il aura fallu pour le recommencer, afin qu'il soit dé-

duit sur la journée de l'ouvrière qui aura mal travaillé.

55. Elle aura un compte ouvert avec l'Officier d'administration chargé du magasin, et ce registre comprendra tous les objets qui lui auront été remis pour être réparés : ce compte s'étendra au fil, au cordon et à tout ce qui devra servir aux réparations.

56. Elle sera aidée et remplacée au besoin par une seconde ouvrière qui la secondera dans son travail, dans sa surveillance et sa responsabilité. Jamais la maîtresse et la sous-maîtresse ouvrière ne pourront être absentes de l'atelier toutes deux à la fois.

57. Quand l'atelier devra être momentanément partagé, quand les ouvrières seront appelées dans une partie quelconque des magasins, pour quelqu'opération, elles y seront toujours accompagnées par la première ou la seconde ouvrière.

58. Quand, dans l'atelier, il y aura à la fois du linge ou des effets à grandes ou à petites réparations, ils seront parfaitement distincts et séparés, de manière à n'être jamais confondus.

59. Tout sera placé, avec ordre et propreté, sur des tables, dans des coffres ou

des armoires, et aucune ouvrière ne devra sortir de l'atelier, sans avoir plié et rangé son ouvrage dans l'endroit qui lui aura été indiqué par une des maîtresses ouvrières, qui assignera également à chacune la place qu'elle devra occuper.

60. Le linge à pansement sera toujours placé dans une armoire, ou, à défaut, dans un coffre, pour éviter toute poussière et mal-propreté.

61. La maîtresse ou la sous-maîtresse, en son absence, tiendra note du temps que chaque ouvrière aura été absente de l'atelier, pour que la déduction en soit faite sur le prix de la journée.

62. L'atelier sera ouvert à sept heures du matin, depuis le premier novembre jusqu'au premier mars, et fermé à cinq heures du soir.

Il sera ouvert à six heures et demie du matin et fermé à cinq heures et demie du soir, pendant les mois de mars et octobre.

Depuis le 1er avril jusqu'au 30 septembre, il sera ouvert à six heures du matin et ne sera fermé qu'au coucher du soleil.

63. Depuis le 1er octobre jusqu'au 1er avril, il sera accordé aux ouvrières une heure, à midi, pour leur repas, et depuis le

1er avril jusqu'au 30 septembre, il leur sera accordé une demi-heure à cinq heures du soir, pour leur repas et se reposer.

64. Les ouvrières pourront sortir à midi dans l'hiver, et à toutes les heures de repas dans les autres temps; mais elles devront être rentrées à l'heure précise, sous peine d'éprouver une retenue d'une demi-heure, pour le moindre retard.

65. Celles qui, dans l'intérêt de leur ménage, ne pourront pas prolonger leur journée jusqu'au coucher du soleil, dans les grands jours, seront libres de sortir à cinq heures du soir, avec l'assentiment de la première ou seconde ouvrière, et elles seront payées en proportion du temps qu'elles auront passé à l'atelier.

66. Pour que le prix de la journée soit toujours proportionné au temps employé au travail, il est fixé à *six* centimes par heure; de sorte que la plus petite journée soit de *soixante* centimes, la journée moyenne de *soixante-quinze* centimes, et la grande journée de *quatre-vingt-dix* centimes.

67. Les ouvrières qui se seront le mieux conduites et qui auront le mieux travaillé seront conservées de préférence à toutes les autres, quand il y aura quelque réduction à faire dans l'atelier.

68. Toutes les fois que les ouvrières seront appelées dans quelque partie des magasins, soit pour y travailler, soit pour y prendre ou rapporter de l'ouvrage, elles seront toujours accompagnées par la première ou la seconde ouvrière.

CHAPITRE VIII.

COMPTABILITÉ.

69. L'Officier chargé du magasin doit tenir le grand-livre (modèle n° 71), sur lequel il ouvre un compte pour chaque article du mobilier, en observant quels sont ceux susceptibles de mutations plus fréquentes, afin de leur laisser assez d'espace pour les y enregistrer sans avoir besoin de faire des renvois. Grand-livre.

70. Ces mutations doivent y être inscrites dans le jour même auquel elles ont lieu, suivant l'article 777 du réglement.

71. Indépendamment du grand-livre, il tient un registre-journal, modèle n° 70, sur lequel les entrées et sorties sont portées par ordre de date, avec les prix relatés aux pièces de dépenses ou de recettes, et le Registre-journal.

montant de la valeur d'après les factures. (Art. 776 du réglement.)

Compte-ouvert avec le Blanchisseur.

72. Il doit tenir, avec le maître blanchisseur, un compte-ouvert ou livret, modèle n° 15, et y inscrire, par Doit et Avoir, les quantités de linge et effets livrés au blanchissage et rentrés après avoir été lavés. (Art. 224 du réglement.)

73. Le double de ce compte reste entre les mains du Chef de la buanderie.

74. Il est essentiel qu'il ait également avec le blanchisseur un registre servant à l'inscription des journées de lessiveuses ou laveuses, comme avec la maîtresse ouvrière, pour celles des ouvrières qui y sont employées.

Compte-ouvert avec chaque Infirmier-major ou partie prenante.

75. Pareil compte est ouvert avec chaque Infirmier-major ou chaque Chef de service des bains, cuisine, dépense, pharmacie ou autres lieux dans lesquels se trouve quelque partie de mobilier, pour y porter à jour les livraisons qui leur sont faites ou les remises qu'ils font.

76. Ces comptes doivent toujours être en double, dont un reste au magasin et l'autre entre les mains de la partie prenante.

Compte-ouvert avec la maîtresse-ouvrière.

77. Il doit tenir un compte semblable avec la maîtresse ouvrière, pour tout ce qui entre et sort de l'atelier de réparations.

78. Il faut aussi qu'il ait un carnet sur lequel doivent être inscrits tous les objets de consommation délivrés pour la buanderie, tels que savon, potasse, etc., et un autre pour l'atelier, comprenant le fil, la laine, les aiguilles, le cordon, et autres objets. Carnet pour les objets de consommation.

79. L'Officier chargé du magasin doit dresser, chaque mois, un état (modèle n° 16), présentant le total des pièces blanchies à chaque lessive, avec le relevé des dépenses occasionnées par le blanchissage pendant le mois. (Art. 228 et 229 du réglement.) Etat des lessives.

80. Il dresse également, suivant le modèle n° 17, l'état des légères réparations, qu'il signera avant de le remettre au Directeur, conformément à l'article 234. Etat des légères réparations.

81. Le 1er janvier et le 1er juillet de chaque année, et plus souvent si cela est nécessaire, il doit établir et remettre au Directeur un état (modèle n° 20), pour tous les objets susceptibles de grosses réparations. Etat des grosses réparations.

Cet état doit énoncer, 1° la nature et la quantité d'effets et ustensiles à réparer;

2° Les quantités des effets hors de service de même nature, à employer aux réparations;

3° Le poids des objets à réparer, pour ce qui concerne les objets en linge, lainage, cuivre ou étain, avec celui des objets de même nature à consommer en réparations;

4° Le mouvement présumé de la dépense des réparations, en les exécutant par économie.

82. Les experts appelés pour constater le besoin des grosses réparations et donner leur avis sur la dépense qu'elles doivent occasionner, mettront leur dire et le signeront au bas de cet état. (Art. 245 et 246 du réglement.)

Etat de l'étamage et des légères réparations des objets en cuivre.

83. L'Officier chargé du magasin établit aussi l'état (modèle n° 18) comprenant tous les objets en cuivre à étamer ou susceptibles de légères réparations.

84. Cet état indique le nombre, le poids et la contenance, en litres, des ustensiles, et présente :

1° La déclaration, signée par les Officiers de santé en chef, de la nécessité de l'étamage;

2° La dépense distinguée en frais d'étamage et en frais de réparations. (Art. 238 du réglement.)

Devis du rebattage des matelas et traversins.

85. Le 15 février et le 15 août de chaque année, il doit, avec l'assistance d'un expert, former le devis (modèle n° 19), présentant:

1° Le nombre et le classement des matelas à rebattre ;

2° Le nombre et le classement des traversins qui exigent la même opération ;

3° Le poids des laines et crin, puis celui des toiles, pour chaque espèce d'effets ;

4° Le nombre des toiles à matelas et à traversins hors de service, avec leur poids.

86. Ce devis, présentant le montant présumé des frais de l'opération, doit être signé par l'expert. (Art. 242 du réglement.)

87. Lorsque les toiles à matelas et traversins sont lavées et réparées, conformément à ce qui a lieu pour toute autre espèce de linge; quand la laine et le crin ont été rebattus, cardés, tirés ou lavés, suivant le besoin; quand les matelas et traversins ont été refaits avec le soin convenable, l'Officier d'administration chargé du magasin, qui a dû suivre toutes ces opérations dans le plus grand détail, en établit les résultats suivant les indications du modèle.

88. Ces résultats doivent offrir la comparaison des objets avant et après l'opération, de manière à faire ressortir les déficits qui en sont résultés, soit en nombre d'effets, soit en poids de matières, avec les causes

de ces déficits. Ces résultats sont certifiés par l'expert, conformément à l'art. 243.

89. La dépense en deniers occasionnée tant par le rebattage des matelas que par le blanchissage et les réparations des enveloppes, doit, ainsi que les frais d'expertise, trouver leur place dans ces résultats.

90. L'expert, consulté sur les diverses causes des déchets résultant de l'opération, doit émettre son avis sur chacune d'elles, et le signer.

91. Les mutations occasionnées par cette opération sont, immédiatement après, notées sur les registres.

Doublement, retrait, blanchissage et réparations des fournitures et objets divers.

92. Au printemps de chaque année, l'Officier d'administration chargé du magasin doit, après avoir pris l'avis de MM. les Officiers de santé en chef et l'ordre du Directeur, substituer les pantalons de toile et les chaussettes en fil aux pantalons et chaussettes en laine.

93. C'est après le retrait de ces derniers objets qu'il doit en faire un examen soigné, pour faire procéder à leurs réparations et à leur nettoiement.

94. A la même époque et après les mêmes précautions, il s'occupe du dédoublement des couvertures.

95. Il a soin de ne laisser, dans les salles, que les plus propres, afin de faire opérer de suite le lavage et la réparation des plus sales. Il est intéressant que cette opération se fasse assez promptement, pour que les couvertures puissent être nettoyées pendant la bonne saison, sur-tout s'il n'y a pas de réserve qui permette de ne faire qu'une opération, au lieu de deux, qui sont successivement nécessaires quand le nombre des couvertures est trop faible, ou quand le nombre des malades a été considérable pendant l'hiver.

96. Il classera les couvertures de manière à distinguer celles qui n'auront besoin que d'un simple lavage à la terre glaise, de celles qui auront besoin de passer au foulon.

97. La note insérée au modèle n° 20 indique les procédés du lavage à la terre glaise; mais, après ce lavage, l'Officier garde-magasin aura l'attention de visiter exactement toutes les couvertures, pour s'assurer qu'il n'y reste aucunes taches, afin de faire enlever ensuite celles qu'il reconnaîtrait, en employant le savon ou le fiel de bœuf.

98. L'Officier chargé du magasin doit, plus particulièrement encore que ses camarades, se rendre bien familières toutes les

instructions données aux Infirmiers-majors et aux Infirmiers, pour pouvoir juger, dans les fréquentes visites qu'il doit faire dans les salles, du bon état de tout le mobilier qui y est employé, et sur-tout du soin apporté à sa conservation comme à sa propreté.

INSTRUCTIONS

POUR

LE MAGASIN DES EFFETS DES MALADES.

ART. 1er. L'Officier d'administration chargé de la garde et de la conservation des effets des malades, doit mettre, dans tout son travail, l'ordre et la régularité nécessaires, pour que jamais il n'ait à éprouver les désagrémens inséparables de la confusion ou même de l'incurie.

2. Comme il fait partie du bureau des entrées, il doit, concurremment avec son camarade chargé de ce service, partager le travail des réceptions et conséquemment mettre, dans les inventaires des effets des entrans, toute l'attention qu'ils exigent et la précision indispensable.

3. Il faut que tous les effets soient inscrits, pour établir les droits du malade à les réclamer, comme il faut aussi n'inscrire que ce qui existe, afin de ne pas s'exposer à des réclamations injustes, auxquelles l'inscription forcerait de faire droit, au détriment de l'Officier gardien des effets.

4. Il est encore nécessaire de prendre, dans l'inscription, certaines précautions de la plus grande utilité. Sans doute il serait fort long, en inventoriant les effets, de tenir note de leur qualité, et cette mesure n'est pas rigoureusement indispensable, quand la plupart des malades font partie de la garnison, car tous leurs effets sont généralement bons; mais il est quelques circonstances dans lesquelles il convient de le faire. C'est principalement quand les effets sont neufs ou très-mauvais; dans le premier cas, on ajoute une N après l'effet neuf, et une M après le mauvais : de cette manière, on fixe davantage l'attention sur les meilleurs effets, et on évite les tentatives de fraude de la part de ceux qui en ont de mauvais.

5. Le bureau d'entrée doit toujours être pourvu des numéros mobiles, correspondans aux numéros vacans au magasin des effets, et on en attache un à chaque paquet ou sac, en ayant soin de le relater sur chacun des billets, afin d'en rendre les recherches plus faciles.

6. L'Officier chargé de la garde des effets des malades doit avoir soin de faire enlever du vestiaire tous ceux des entrans,

à mesure qu'il y en a en suffisante quantité pour en faire un voyage au magasin. Il veillera à ce que ces effets soient bien solidement réunis, pour qu'aucun ne puisse se détacher du paquet, ce qui mettrait le désordre et la confusion, et l'exposerait à des réclamations auxquelles il serait forcé de faire droit à ses dépens.

7. Dans aucun cas, les effets ne doivent passer la nuit au vestiaire, et il ne peut y rester que ceux des malades entrés après le soleil couché.

8. Le transport successif des effets, du vestiaire au magasin, doit toujours être fait avec toutes les précautions possibles, afin d'éviter les pertes ou les erreurs.

9. Les chemises des entrans, aussitôt après avoir été remises par les malades, recevront un numéro, marqué en coton, sur un petit carré de toile qui sera, au vestiaire même, cousu devant le malade, au milieu du collet.

10. Ce numéro sera rapporté, sur le dos du billet de salle, à la même ligne que la chemise.

11. Tous les jours, ces chemises seront portées au magasin du linge, et l'Officier qui en est chargé aura soin de les faire

blanchir de suite, pour qu'elles puissent être rétablies dans le magasin des effets.

12. A mesure qu'elles y rentreront, chacune d'elles sera réunie aux effets de celui auquel elle appartient.

13. Pour que ce blanchissage et ces divers mouvemens puissent s'opérer avec l'ordre nécessaire, il sera, tous les jours, fait par l'Officier chargé du magasin d'effets, sur un cahier spécial, un relevé des chemises des entrans, portant le nom de l'entrant, le numéro sous lequel ses effets sont enregistrés, et le numéro cousu à sa chemise.

14. Une copie en sera, par lui, remise chaque jour à son camarade chargé du magasin du linge, lequel les totalisera, à chaque lessive, sur son carnet de blanchissage, et les remettra ensuite avec les chemises, quand elles seront blanchies.

15. L'Officier chargé de ce magasin doit enregistrer, avec un soin scrupuleux, tous les entrans, chaque jour, sans aucun retard, et vérifier, aussi par jour, si le nombre enregistré par lui est égal au nombre de billets portés sur la chemise et le mouvement.

La défalcation s'en fera avec le même soin et la même précaution.

16. Les deux Officiers d'administration

chargés du bureau d'entrée et du magasin doivent toujours s'entendre et se concerter entr'eux pour se prêter un secours mutuel, et jamais ils ne doivent être absens tous deux à la fois du bureau d'entrée, à moins qu'ils n'y soient remplacés, l'un ou l'autre, par un de leurs camarades. Ils doivent s'entr'aider dans les réceptions, inscriptions et enregistremens.

17. Tous les jours, l'Officier chargé du magasin, aussitôt que les billets de sortie pour le lendemain seront revenus de la signature, retirera du magasin les effets des sortans, pour leur en faire la remise une demi-heure au moins avant la sortie, afin que les malades aient le temps de reconnaître leurs effets.

18. Tous les jours, avant la remise des effets aux sortans, il les fera retirer du magasin, les visitera exactement, pour s'assurer qu'ils sont dans l'état de propreté convenable; il les y fera mettre s'ils ne le sont pas, et les fera déposer, par ordre de numéro, au vestiaire, si le nombre n'est pas considérable, ou dans tout autre endroit qui aura été indiqué par le Directeur.

19. A l'heure fixée pour la remise, il fera réunir les sortans, et, avec les billets

de sortie, il fera l'appel des effets et les fera reconnaître à chacun avant de les leur livrer, pour satisfaire à l'instant même à toute réclamation, et éviter toutes celles qui pourraient avoir lieu postérieurement.

20. Aussitôt après chaque décès, l'Officier chargé des effets se fera remettre ceux que le décédé pouvait avoir dans la salle: il les ajoutera à son enregistrement, s'il y avait quelque partie non enregistrée, et il fera réunir ces objets à ceux existans en magasin.

21. S'il n'a pas la facilité d'établir pour les décédés une série particulière de numéros, dans un endroit distinct pour eux, il les distinguera par une marque particulière, telle qu'un carton blanc ou autre, afin de pouvoir les retrouver facilement.

22. Il se conformera ensuite, soit pour la remise, soit pour la vente de ces effets, aux dispositions indiquées par le réglement (articles 617, 618 et suivans), en ayant soin de prendre toujours l'avis du Directeur.

23. S'il y a des armes déposées par les entrans, elles doivent être l'objet d'attentions particulières, pour les préserver de l'humidité et de la rouille. Il devra, avant de

les placer, les faire frotter avec une pièce grasse. Cette opération se renouvellera tous les mois, et avant la sortie les armes seront essuyées avec un chiffon sec.

24. Dans le placement ou déplacement des effets du magasin, on prendra bien garde de ne jamais détacher le numéro mobile du paquet auquel il sera attaché, parce qu'il ne doit le quitter qu'au moment même de la remise au malade.

25. Les effets portés au magasin doivent être soigneusement examinés, pour que ceux dans lesquels il y a quelque humidité soient séchés, et que ceux empreints de sang ou de boue soient exactement nettoyés; ceux tachés de sang doivent être lavés avant qu'il soit desséché, au contraire de ceux salis de boue, dont il faut attendre la dessication avant de les en purger.

26. Dans tous les cas où les effets des entrans auront besoin d'être nettoyés, l'Officier chargé du magasin aura soin de faire attacher à chacun d'eux un numéro semblable à celui du paquet, pour éviter toute erreur et méprise.

27. Tous les effets de galeux ou autres, dans lesquels on aurait remarqué une odeur désagréable, tous ceux des hommes sortant

des prisons, seront, avant leur placement au magasin, portés au cabinet de désinfection, pour y être purgés, par le souffre ou par le chlore, des principes malfaisans qu'ils peuvent contenir.

28. Le magasin des effets des malades doit être tenu avec la plus grande propreté. Sans cette attention, les insectes ou toute espèce de vermine s'y multiplieraient, y feraient beaucoup de dégâts; les effets y contracteraient une odeur fétide, et il en résulterait du danger pour la santé, non-seulement du Garde-magasin lui-même et de ceux qui y entreraient, mais encore pour celle des sortans.

29. Il faut que, tous les jours, il le fasse aérer et balayer, et fasse la reconnaissance de tous les rateliers, pour enjoindre à son aide de battre et brosser, dans un endroit voisin et l'un après l'autre, pour éviter toute erreur, les paquets les plus anciens et ceux pour lesquels il en reconnaîtra le besoin.

30. Pendant les chaleurs, il fera multiplier les arrosemens, et dans toutes saisons, aussitôt qu'il reconnaîtra la moindre odeur, il fera établir des courans d'air suffisans pour renouveler entièrement celui du magasin.

31. Si, malgré ces précautions, l'odeur ne disparaît pas, s'il ne reconnaît pas qu'elle provienne de tels ou tels effets, alors il préviendra le Directeur, pour que ce dernier puisse prier le Pharmacien en chef d'y employer le chlore. Si, au contraire, il remarque que l'odeur provient de quelques effets, il les fera passer au cabinet de désinfection.

32. Mais quand l'emploi du chlore sera reconnu nécessaire, il faut que l'Officier chargé du magasin en fasse enlever toutes les armes, afin d'éviter leur oxidation.

33. Il doit tout placer dans son magasin dans un ordre méthodique et symétrique, moins encore pour flatter l'œil, que pour y éviter toute confusion et y faciliter les vérifications et recherches. Moins le local offrira de ressources, et plus l'Officier d'administration aura de mérite à surmonter les difficultés qu'il pourra rencontrer.

INSTRUCTIONS

POUR

LA DÉPENSE.

CHAPITRE Ier.

DEVOIRS GÉNÉRAUX.

Art. 1er. Les fonctions de l'Officier d'administration chargé du service de la dépense, sont beaucoup plus importantes qu'on ne le croit généralement. C'est bien abusivement qu'on les a confiées souvent aux personnes qu'on regardait comme les plus faibles en moyens; elles exigent au contraire une connaissance profonde du service, beaucoup d'habileté à calculer, un caractère doux, patient et ferme, une mémoire solide, un jugement prompt et sain, et tout ce qui est nécessaire pour opérer avec célérité, sagesse et précision.

2. C'est lui qui doit le mieux connaître les qualités de tous les objets de consommation, puisque c'est lui qui en fait journellement la répartition et la distribution,

et, conséquemment, c'est sur lui que tombe la première responsabilité de tout ce qui est médiocre ou mauvais.

3. Il est le surveillant-né de la cuisine, le distributeur de tous les objets de consommation, et son travail sert de base à la comptabilité de ces mêmes objets, dont celle en deniers n'est que la conséquence.

4. Toutes ces considérations doivent convaincre l'Officier d'administration auquel est confiée la dépense, de l'importance de son service, puisque par son intelligence, son zèle et son activité, il assure la bonne préparation des alimens; par son attention soutenue et la sagesse du mouvement qu'il imprime, il fait faire de bonnes distributions; par la précision de son travail, il donne des garanties pour une comptabilité exacte, et que, par la réunion de ses talens et de ses soins, non seulement il fait éviter toutes les plaintes sur les alimens, mais il établit la confiance, qui seule conduit à une satisfaction générale.

CHAPITRE II.

RÉCEPTION DES OBJETS DE CONSOMMATION.

5. L'attention de l'Officier chargé de la dépense doit se porter particulièrement sur la réception de tous les objets de consommation.

Viande. 6. La viande est un des objets les plus essentiels. On doit éviter qu'elle provienne de bêtes trop jeunes; elle doit être belle, de bonne qualité, bien saignée, sans têtes, fressures, langues, pieds ni saignures; les vaches et taureaux sont exclus de la fourniture, les bêtes trop petites doivent être refusées, et l'on n'en doit jamais recevoir qui, sur pied, pèsent moins de 250 kilog.: il est impossible, avec des bestiaux au-dessous de cette force, de faire un bon service, la viande y étant en proportion trop faible avec les os, qui, au-dessus de l'âge de 4 ans, ne suivent plus la progression des chairs.

7. Il faut, dans la réception de la viande, exiger du fournisseur que le nombre de quartiers de derrière égale toujours celui des quartiers de devant, car on serait lésé, en laissant excéder le nombre de ces derniers.

8. Les veaux au-dessous de 30 kilog. ne doivent point être admis.

9. Il faut, dans la réception des moutons, refuser les vieux beliers et les vieilles brebis. Il y a de très-petites espèces de moutons, que la connaissance des localités saura faire apprécier et distinguer des moutons trop jeunes.

10. On ne doit pas recevoir la graisse intérieure, qui n'est que le suif, nul pour améliorer le bouillon, et qui ne peut servir aux malades.

11. La viande doit être découpée avec soin et propreté, pour qu'elle ne présente aucune hachure désagréable; les os doivent être sciés et non hachés, pour prévenir les esquilles.

12. Elle doit être apportée froide à la boucherie, seul moyen d'y entretenir la propreté.

Il faut, autant que possible, qu'elle ne soit mise à la boucherie que 24 heures après l'abattage.

13. Le pain, quand on n'est pas autorisé à en recevoir de blanc, doit au moins être d'une nuance qui flatte l'œil et agréable à l'odorat et au palais. Il doit être manutentionné avec de la farine de pur froment Pain.

de première qualité, blutée à l'extraction de 22 pour 100 : il doit peser, lorsqu'il est refroidi, un kilogramme et demi. Tout le pain doit être pesé au moment de son arrivée, ou par un, si le poids est suspect; mais, quand on a lieu de le croire au poids voulu, on peut en mettre quatre à la fois sur la balance, pour abréger l'opération. Il doit être de la forme la plus régulière possible, être bien levé, avoir au moins douze centimètres de hauteur dans son milieu, et n'avoir qu'une ou deux baisures au plus; on doit rejeter, outre ceux qui sont trop peu cuits ou brûlés, ceux qui ne sont pas susceptibles d'être divisés avec facilité.

Il y a quelques boulangers qui ont l'habitude de passer leur pain sur des recoupes ou du petit son, pour empêcher l'adhérence, et l'on doit exiger que le pain soit toujours passé à la brosse, avant de l'admettre et même de le peser.

Vin. 14. Le vin doit être reçu avec la plus grande circonspection. Pour opérer avec quelque sûreté, il convient qu'à l'époque de la passation des marchés, la qualité en soit constatée au moyen d'un échantillon adopté par MM. les Officiers de santé en chef, et qui reste déposé, sous double cachet, dans un endroit propre à sa conservation. Quand le marché est approuvé par Son Excellence, le fournisseur est requis de fournir autant d'échantillons du même vin, qu'il y aura de réceptions présumées dans le cours de l'année. L'identité du vin est constatée de la même manière que dans la passation du marché, et ces échantillons, contenus dans des bouteilles scellées en présence des mêmes personnes, sont tenus en réserve pour servir de point de comparaison et comme types à chaque réception, à l'époque de chaque versement.

Tout vin qui, par son défaut de limpidité, par une tendance à l'acide ou au gras, annonce quelque maladie, doit être refusé, ainsi que celui dans lequel on aura reconnu tout mélange d'autre vin, ou celui qui n'aurait pas un an.

15. Le riz doit être de Caroline, presque transparent, bien net, bien dégagé de sa balle et bien vanné; on doit refuser celui qui, en le faisant tomber de quelque hauteur, laisse apercevoir une poussière autre que la farine légère qui s'en détache, ce qu'on remarque aisément à l'odeur. Riz.

16. Le sel doit être refusé quand il n'est pas bien sec et bien pur de toute substance Sel.

étrangère. C'est une condition à ajouter au cahier des charges, car il est impossible de fixer exactement la consommation du sel humide, si l'on ne connaît ni son degré d'humidité, ni le déchet auquel elle donne lieu.

Pruneaux. 17. Les pruneaux doivent être bien en chair, bien secs, bien nets de toute cendre ou poussière : pour les juger avec certitude, on en fera d'abord laver, puis ensuite cuire un échantillon, pour s'assurer de leur propreté et de leur qualité; c'est seulement après la cuisson, qu'on peut sûrement en reconnaître la qualité.

Beurre. 18. Le beurre devant, par sa qualité, contribuer à la bonne préparation des alimens, ne sera admis que quand il sera d'une saveur et odeur agréables, et lorsqu'il sera frais, il devra être bien purgé de son petit lait; s'il est salé ou fondu, il devra être sans marbrure et d'un goût franc.

Œufs. 19. Les œufs seront frais, d'une grosseur moyenne et reconnus transparens à la lumière.

Pommes de terre. 20. Les pommes de terre devront être farineuses, d'une grosseur moyenne, et essayées avant la réception, si l'on en reçoit une certaine quantité.

21. L'huile à brûler devra être sans odeur et bien épurée. Huile à brûler.

22. Les chandelles seront refusées quand leurs mèches ne seront pas en coton fin. Chandelles.

23. Le vermicelle, la farine de riz, la semoule, le gruau et toutes les substances farineuses provenant de grains ou de fécule, doivent être soumis à la cuisson, pour obtenir, avant leur réception, la certitude de leur bonne ou mauvaise qualité, parce que si quelque défaut peut échapper à l'œil ou à l'odorat, il ne résiste pas aussi aisément à l'examen du palais; il en sera de même pour tous les légumes secs. Divers alimens légers.

24. Le soin que met l'Officier d'administration chargé du service, dans la réception de tous les objets de consommation, doit être le même que celui qu'apporte une bonne mère de famille, dans le choix de tout ce qui est destiné à la nourriture de ses enfans. Sa sévérité, dans cet examen, doit être tempérée par un ton de douceur et de politesse qui, au lieu de rebuter les fournisseurs, provoquera leur complaisance, et quand cet Officier se sera fait connaître sous ce rapport, sa surveillance sera d'autant plus facile, qu'on fera moins de tentatives pour la tromper.

25. Il ne doit jamais oublier que, dans toutes ses réceptions, il doit consulter MM. les Officiers de santé en chef, et que leur jugement est nécessaire pour l'admission de tous les objets de consommation. Sa délicatesse lui fera également sentir le besoin de prendre l'avis de ses camarades et du Directeur, auquel il ne doit laisser ignorer aucun des mouvemens de sa dépense.

CHAPITRE III.

CONSERVATION DES OBJETS DE CONSOMMATION, ET SURVEILLANCE SUR LEUR EMPLOI.

26. Les objets de consommation n'étant admis qu'avec les précautions nécessaires pour qu'ils soient tous de bonne qualité, il est important d'en bien surveiller la conservation, pour que rien de ce qu'on a reçu bon, ne puisse s'altérer dans la dépense.

Le premier et le plus sûr moyen de conservation est la propreté.

27. La boucherie, sur-tout, doit être éminemment propre; tout fluide doit en être exactement enlevé; les murs et le pavé doivent être soigneusement nettoyés; l'air

doit y circuler facilement; mais il faut que, pendant l'été, les croisées et lucarnes soient garnies de chassis revêtus en canevas, pour en éloigner les mouches. Les blocs, tables, balances et poids doivent être tenus dans l'état de netteté convenable, pour que la viande ne puisse en rien s'y altérer et que rien n'y inspire la répugnance. Il faut que la viande accrochée ne puisse toucher les murs; elle doit être entièrement isolée, et si la disposition des crochets ne le permet pas, il faut, en attendant qu'ils puissent être placés différemment, se procurer des claies en osier blanc, pour les interposer entre les murs et la viande, et laver très-souvent ces claies à l'eau de lessive, pour les purger du sang et de la graisse qui s'y attachent.

28. Il faut que la dépense soit d'une propreté recherchée; c'est dans le lieu où sont déposés les alimens qu'il faut l'y soigner davantage; elle doit être sur-tout exempte d'humidité, mais on doit éviter cependant une trop grande ventilation, qui pourrait dessécher le pain.

29. Il doit y être placé, toujours de champ, sur des tablettes, et ne jamais toucher les murs.

30. Les tables sur lesquelles il est coupé doivent être très-propres, nettes de toute poussière ou taches, ainsi que toutes les tablettes, balances et généralement tous les ustensiles, vases ou autres objets servant à la contenance ou à la manutention. Il faut, autant que possible, que tous les objets de consommation soient dans des armoires ou coffres vitrés, qui offrent le double avantage d'éloigner la poussière et de faire juger, à chaque instant, la qualité et le degré de conservation des divers objets qu'ils contiennent.

31. Tous les alimens étant bien choisis et bien conservés, il faut qu'ils soient apprêtés avec le même soin. L'Officier chargé de la dépense doit surveiller et encourager le cuisinier, lui faire sentir toutes ses obligations et lui inspirer le désir de les remplir avec persévérance et distinction. Il s'appliquera à exciter son zèle et à le bien convaincre que la moindre négligence dans son service peut avoir des conséquences fâcheuses, dans l'intérêt des malades et pour l'honneur de l'établissement.

32. Il ne laissera rien sortir de la cuisine, sans l'avoir dégusté ou au moins examiné avec attention; si quelque chose lui pa-

raissait mal cuit ou mal préparé, il en empêcherait la distribution et en préviendrait le Directeur, pour qu'il pût prendre les mesures convenables, selon les circonstances.

33. Il vérifiera chaque jour l'état des seaux à bouillon, des bassines à viande et de tous les vases servant à la distribution, pour s'assurer de leur propreté.

34. Il fera souvent l'inspection de tous les cuivres, pour en reconnaître l'état ou le besoin d'étamage.

35. Il veillera attentivement, dans les caves, à la quantité des futailles; il s'assurera de leur bonne conservation, pour prévenir toute perte de vin; il en préviendra aussi la détérioration, par les précautions convenables et qui consistent à ménager à propos, suivant la nature des caves, la quantité d'air précisément nécessaire, pour éviter l'introduction de la chaleur et une trop grande humidité.

36. Il veillera à ce qu'elles soient tenues dans un grand état de propreté.

37. Il mettra la même attention à maintenir la propreté pour tous les vases et toutes les mesures servant à la distribution du vin.

38. Il en sera de même pour le vinaigre, et il aura soin qu'il ne soit pas trop rapproché du vin.

39. Pour la distribution de l'huile, il faut une boîte ou caisse double en étain, ferblanc ou plomb, pour ne rien en perdre et ne pas multiplier les taches. Il faut aussi en cela de grandes précautions, car si l'huile n'est pas bien nette, bien purifiée, si les lampes sont mal nettoyées, si les mèches ne sont pas tenues à l'abri du contact de l'air, l'éclairage peut manquer, au moins dans quelques parties, et toujours, quand l'huile est bonne et quand les mèches ne sont pas éventées, cet inconvénient est l'effet du défaut de propreté.

CHAPITRE IV.

DISTRIBUTIONS.

40. L'Officier d'administration chargé de la dépense, étant assuré de la bonne qualité et de la bonne préparation de tout ce qui sert aux alimens, doit mettre tous ses soins à leur distribution.

Il doit recevoir le matin, de chaque Infirmier-major, la liste des Infirmiers qui, logeant à l'hôpital, étant de garde ou consignés, doivent y prendre leurs repas; il indiquera au cuisinier le nombre d'hommes qui devront, dans la journée, manger à la chambre.

41. Il doit recevoir du bureau des entrées la pesée de la viande pour la distribution du soir, voir peser la viande et la suivre jusqu'à ce que, placée dans la marmite, la clé en soit remise au sergent de planton.

42. Il doit remettre au Cuisinier le riz, les pruneaux, le sel, et autres objets qui doivent être préparés ou servir à la préparation des alimens, pour la distribution du matin.

43. Il tiendra exactement note de ce qu'il délivre, en prenant pour base la distribution de la veille, sauf à décrire, en délivrant les objets nécessaires à la distribution suivante, les quantités qui ont été excédentes et que le Cuisinier à dû mettre en réserve.

44. Il n'est pas possible que l'on attende les relevés pour remettre au Cuisinier ces divers objets, dont la préparation précipitée nuirait à leur bonne qualité, et il y a peu d'inconvénient, il y a même quelques avantages à avoir toujours quelques légers alimens en plus, pour pourvoir aux

besoins de circonstance, pourvu qu'à la cuisine ils soient bien conservés, dans l'intervalle d'une distribution à l'autre, et que l'Officier chargé de la dépense en tienne note exacte, pour faire les déductions nécessaires, afin que jamais la consommation ne soit plus forte que celle autorisée par le réglement.

Il est inutile, d'ailleurs, que toutes les livraisons à faire à la cuisine soient terminées avant l'arrivée des relevés, pour qu'on puisse se livrer complettement au travail qu'ils exigent.

45. A mesure qu'ils sont apportés à la dépense, l'Officier qui en est chargé les vérifie succinctement, en s'assurant si le nombre d'hommes porté au haut de chacun est exactement le même que celui des malades existans dans chaque salle, et si le nombre de portions ou de diètes n'est bien que le double de celui des malades. S'il trouve des différences, il en rend compte au Directeur, qui fait apporter le cahier de visite ou consulte la note qu'a dû tenir l'Infirmier-major, mais sans que cette investigation puisse retarder la distribution; car si le temps le presse, il doit provisoirement suivre l'indication du relevé, pour

ne faire sa vérification définitive qu'après la distribution du matin.

46. Pendant qu'il fait couper le pain dans les proportions que les relevés lui indiquent, il calcule la quantité de légers alimens que le Cuisinier a à délivrer, et conséquemment la quantité de riz, de pruneaux, de vermicelle, de légumes et d'autres objets nécessaires pour chaque distribution, afin de savoir ce qu'il a à déduire sur les quantités qu'il lui a remises le matin par à bon compte.

47. Il se fait aussi remettre tous les petits relevés que les Infirmiers-majors ont dû faire pour faciliter au Cuisinier et à eux-mêmes la distribution de la viande et des légers alimens. Après les avoir vérifiés promptement sur son travail, il les vise et les leur remet, pour les faire servir ensuite à la vérification qui doit avoir lieu entre les deux distributions.

48. Après avoir fait la déduction des portions de vin à délivrer, et avoir établi la quantité du vin pour chaque salle, à chaque distribution, il fait tinter la cloche, afin de faire descendre les Infirmiers-majors et le nombre d'Infirmiers suffisant pour aller chercher le vin à la cave, avec le sergent de planton, qui doit en garder une clé.

49. Le vin y étant mesuré dans les seaux qui ne servent qu'à cet usage, est ensuite porté à la dépense, où restent les Infirmiers jusqu'au départ pour la distribution du pain.

50. Le pain est compté, autant que possible, en présence de chaque Infirmier-major, et dans un panier pour chaque salle ou chaque division, avec une note indicative de la quantité des portions ou fractions de portion qui y auront été mises.

51. Au premier coup de dix heures, on sonne la distribution, et chaque Infirmier-major part avec son panier et ses seaux à vin garnis de leurs mesures de détail.

52. L'Officier chargé de la dépense se rend alors à la cuisine, pour surveiller le départ du bouillon et autres alimens, et revient à la dépense voir rentrer les paniers et seaux à vin, afin de prendre note des objets manquans ou excédans.

53. Quand la distribution des malades est terminée, il s'occupe d'abord de celle des Infirmiers qui mangent à la chambre, et leur distribue le pain et le vin auxquels ils ont droit : il s'assure des quantités et qualités d'alimens qui leur sont délivrés à la cuisine.

54. Il s'occupe ensuite de celle des In-

firmiers autorisés à emporter leurs vivres au-dehors : en faisant faire l'une et l'autre, il contrôle la tenue des Infirmiers et l'ordre que les Infirmiers-majors doivent leur faire observer, soit dans les rangs, soit dans la marche.

55. Cette double distribution se fait toujours sur appel nominal, et, pour le faciliter, l'Officier d'administration se procurera un tableau présentant des colonnes distinctes pour les hommes de garde, ceux consignés, ceux mangeant dans l'intérieur et ceux autorisés à emporter leurs vivres. Ce tableau, percé dans chaque colonne d'un trou destiné à recevoir une cheville, pour marquer la classe dans laquelle chacun se trouvera, sera placé à la dépense, dans un endroit assez éclairé pour éviter les erreurs.

56. Toutes les distributions terminées, et après avoir donné à son aide et pris lui-même le repos nécessaire, l'Officier d'administration emploiera son aide à rétablir dans la dépense la propreté et l'ordre nécessaires.

57. Il s'occupera immédiatement après de toutes les vérifications que les relevés auront nécessitées, et rendra compte au Directeur du résultat de son travail.

58. Il préparera ensuite tout ce qui est nécessaire pour la distribution du soir, en disposant toujours son travail avec assez de méthode pour ne rien confondre, ne rien précipiter, et avoir le temps nécessaire pour vérifier la qualité de tous les alimens apprêtés pour chaque distribution.

59. Il opérera pour le soir comme pour le matin, depuis la prise du vin à la caye, jusqu'à la dernière distribution aux Infirmiers.

60. Après que celle-ci sera terminée, ou dans l'intervalle des deux dernières, il procédera à la pesée de la viande pour le lendemain matin.

61. Il surveillera toutes les opérations du Cuisinier; il veillera à ce que le feu, sous les chaudières, ne soit pas poussé trop vivement et soit toujours égal; il l'engagera à mettre la plus grande économie dans les divers combustibles, à apporter en tout la plus grande attention, et sur-tout dans la coupe et le poids des portions de viande, et la mesure de toutes les autres.

62. Il se familiarisera avec l'instruction du Cuisinier, pour lui en rappeler et faire observer les dispositions.

CHAPITRE V.

DÉTAILS DIVERS.

63. L'Officier d'administration chargé de la dépense contribuera à l'efficacité et à la régularité de l'éclairage, en ne délivrant de l'huile que dans les lampes et coupillons mêmes qui doivent la consommer. C'est par ce moyen qu'il s'assurera de leur propreté et du bon état des mèches. Les lampes doivent être soigneusement nettoyées tous les jours, parce que, dans le voisinage des becs sur-tout, l'huile s'épaissit et forme une crasse qui nuit à la combustion et conséquemment à l'éclairage, principalement quand la mèche n'est pas bien égale, ni dégagée de sa partie charbonnée.

64. Il se fera apporter, tous les matins, toutes les lampes ou coupillons, et les fera vider dans un vase particulier, dont le contenu sera filtré avant qu'on le remette en consommation.

65. Quand les lampes auront été égouttées, essuyées et nettoyées, il y fera mettre la quantité d'huile proportionnée à la longueur des nuits ou à la durée de l'éclairage.

66. Il aura, pour cela, autant de mesures pour l'huile, qu'il y a d'époques auxquelles l'éclairage varie dans sa durée.

67. La consommation de l'huile avec des mèches ordinaires est d'environ six grammes par heure : il faut donc des mesures de 36, 42, 48, 54, 60, 66, 72, 78, 84 et 90 grammes d'huile, pour toutes les nuits de six à quinze heures.

68. Quant aux mèches ordinaires, il vaut mieux les faire préparer sous ses yeux, que de les prendre toutes faites. On se procure du coton de bonne qualité, fraîchement filé, et en le dévidant sur un carton d'une largeur égale à la longueur qu'on veut donner aux mèches, on les fait de 12 à 15 brins, suivant la dimension des becs et le degré de lumière qu'on veut avoir.

69. Quand les fils dévidés sur les cartons sont coupés à la longueur voulue, on les roule légèrement avec la paume de la main, pour que la mèche prenne un léger degré de torsion ; on les enveloppe soigneusement dans du papier et on les dépose dans un endroit sec, avec la précaution, chaque fois qu'on en prend, de bien envelopper le reste.

70. Si, dans quelque circonstance rare, l'huile se trouvait altérée, troublée ou épais-

sie, l'Officier d'administration doit se hâter de la faire épurer par le procédé ordinaire : il consiste à mèler à l'huile un centième de son poids d'acide sulfurique, en remuant de suite suffisamment pour que la masse entière en soit pénétrée; on y ajoute ensuite une quantité d'eau égale au moins à celle de l'huile, et quand celle-ci a entièrement surnagé, on la décante et on la filtre dans un entonnoir, au fond duquel on a placé un petit tampon de coton.

71. L'Officier d'administration chargé de la dépense doit surveiller soigneusement le garde-manger, et tenir la main à ce que tout y soit placé proprement, avec ordre, et qu'aucune partie d'alimens n'y soit conservée dans aucun vase métallique, la terre vernissée, le grès ou la faïence devant servir exclusivement à cet usage. Il aura soin que tout soit employé dans la distribution qui suivra immédiatement le dépôt. Avec un grand mouvement de malades, il est toujours utile d'avoir quelques alimens en réserve entre deux distributions, pour parer aux besoins des entrans, sur-tout quand il y en a par évacuation.

72. L'Officier d'administration tient une main-courante de toutes ses recettes, et s'il

ne dresse pas lui-même l'état de consommation, il la communique chaque jour au Directeur, en lui remettant tous les relevés et bons qui ont servi de base à ses livraisons de la veille.

73. Il remettra au Cuisinier un carnet que celui-ci devra lui apporter chaque fois qu'il viendra chercher quelques objets, et sur lequel il notera, aussi chaque fois, les quantités qu'il lui donnera.

74. Ce carnet aura autant de colonnes ou de pages, qu'il y aura d'objets différens, et sera renouvelé tous les mois.

75. Celui du mois écoulé sera remis au Directeur, pour les vérifications qu'il aura à faire.

76. Il est intéressant que l'Officier d'administration qui tient la dépense soit exactement à jour dans ses écritures.

77. Il faut aussi qu'il prévoie tous ses besoins assez à l'avance, pour ne jamais être au dépourvu et pouvoir toujours refuser les objets présentés, quand ils n'auront pas les qualités nécessaires.

78. Il aura soin, dans toutes ses relations avec les Infirmiers-majors et ordinaires, de concilier la douceur et la fermeté, la bienveillance et la sévérité, la patience et la

promptitude, pour encourager et réprimer tout à la fois, et inspirer en même temps la confiance et le respect.

79. Il faut que, dans toutes ses relations avec MM. les Officiers de santé de tout grade, il se conduise avec toute l'urbanité, la modestie, et même la prévenance qui rendent agréables tous les rapports sociaux, et qui sont un devoir pour tout homme jaloux de mériter l'estime et la considération.

80. Il recevra avec beaucoup de politesse toutes les réclamations qui lui seront portées par les Officiers de visite ou les Sous-Officiers de planton; il s'empressera de faire droit à toutes celles qui seront fondées, il en fera même ses remercîmens au nom de l'administration; s'il s'en trouve qui ne le soient pas, il donnera avec beaucoup de mesure les explications tendantes à prouver qu'elles ne peuvent être accueillies.

INSTRUCTIONS

POUR

L'OFFICIER D'ADMINISTRATION

CHARGÉ DE CONDUIRE UNE ÉVACUATION.

CHAPITRE Ier.

DEVOIRS GÉNÉRAUX, PRÉPARATION DU DÉPART.

Art. 1er. L'Officier d'administration auquel on confie la conduite d'une évacuation, doit sentir toute l'importance de sa mission. Il est, pendant toute la route, le directeur d'une ambulance en mouvement, et il en a tous les devoirs à remplir. Il doit donner tous ses soins à ce que les malades souffrent le moins possible du transport, à ce qu'ils reçoivent tous les secours dont ils ont besoin, et sa vigilance ne doit cesser que quand ils sont reçus dans l'hôpital sur lequel ils sont dirigés. Il doit avoir sous ses ordres, pour le service de l'évacuation, un nombre d'Infirmiers proportionné au nombre de malades et à la gravité de leurs maladies : ce nombre doit être, au moins, d'un Infirmier pour deux voitures.

2. L'Officier chargé d'une évacuation doit recevoir une double feuille d'évacuation, sur laquelle est fait l'appel du départ. Il doit s'assurer que tous ceux qui y sont portés sont présens, et ne peut se dispenser d'assister à cet appel, qui doit précéder immédiatement le départ.

3. Pour ne le retarder sous aucun prétexte, il doit, à l'avance, visiter toutes les voitures, pour s'assurer si elles offrent la solidité nécessaire, si les chevaux sont bien ferrés, bien attelés, et sont en état de faire la route qu'ils ont à parcourir.

4. Il doit tenir la main à ce que les voitures soient suffisamment couvertes, et à ce qu'elles soient garnies de la quantité de paille suffisante, pour que les malades y soient placés commodément.

5. Il doit, de concert avec l'Officier de santé qui partage la même mission, visiter tous les malades partans, pour savoir quels sont ceux qui, parmi eux, ont besoin de matelas, couvertures ou autres objets, suivant la nature de leurs blessures ou de leurs maladies.

6. Il les demandera au Directeur de l'hô-

pital d'où doit partir l'évacuation, et en dressera un état, en double expédition, si les objets sont en nombre assez considérable pour exiger cette pièce, qui doit servir de facture pour le Directeur de l'hôpital qui doit recevoir l'évacuation.

Si le nombre des objets est faible, on en fait mention sur la feuille même d'évacuation.

7. Ces objets ne sont laissés dans l'hôpital sur lequel on évacue, que quand il n'y a pas de voiture de retour, sur laquelle on puisse les rapporter.

8. L'Officier d'administration est responsable de ces objets pendant la route; mais, au retour, il peut les confier à un Infirmier de son choix, auquel il en laissera l'état, signé par tous deux.

9. Les précautions préalables au départ de l'évacuation doivent nécessairement varier, suivant les saisons.

Dans les temps froids et humides, il faut que les voitures soient assez bien couvertes pour garantir les malades contre le vent, la neige ou la pluie. Il faut que la paille soit plus abondante et que les malades aient assez de couvertures pour s'en couvrir de manière à n'avoir pas trop froid et à n'être pas trop mouillés.

C'est à l'intelligence de l'Officier d'administration à juger, par le nombre et l'état des malades, par la forme ou la disposition des voitures, du nombre des couvertures nécessaires.

Pendant l'été, il faut que les malades soient garantis contre le soleil, la poussière et la pluie : des bâches, paillasses vides ou autres objets en toile doivent être préférés aux couvertures ; mais c'est à l'Hospitalier à concilier l'intérêt du malade avec les ressources locales.

10. C'est encore avant l'appel, que l'Officier d'administration, chargé d'une évacuation, doit se procurer les alimens ou boissons qui auraient été jugés nécessaires par les Officiers de santé en chef, ou par celui qui doit l'accompagner ; il doit les placer, autant que possible, sur les premières voitures et de manière à pouvoir en surveiller la bonne conservation. Toutes ces dispositions doivent être prises assez à l'avance, pour n'occasionner aucune espèce de retard et ne pas ajouter aux fatigues prochaines de la route, celle d'une attente longue, ennuyeuse et toujours pénible.

11. Il faut encore, avant l'appel, placer sur les voitures les malades qui, par la

nature de leurs blessures ou maladies, ne peuvent y monter eux-mêmes ou ont besoin d'y être plus au large et dans une position particulière.

12. Aussitôt que ces précautions sont prises, on commence l'appel auquel répondent, de dedans les voitures, ceux qui y sont placés, et les autres y montent successivement, à mesure qu'ils sont appelés. Pour que cette opération se fasse sans confusion, l'Officier d'administration indique à chacun sa place et veille à ce qu'il l'occupe, sauf à permettre ensuite quelques échanges de place, quand les malades le demandent.

Il est tout naturel de ne pas séparer en route des amis qui aiment à se trouver rapprochés, et ce sont principalement les hommes qui se meuvent le plus difficilement qui ont le plus de droits à cette espèce de complaisance.

13. L'Officier d'administration doit veiller à ce que la répartition des malades, sur les voitures, soit parfaitement égale, afin qu'elles soient également chargées et que les charretiers n'aient pas à se plaindre.

14. Pendant que les malades sont placés ou se placent eux-mêmes sur les voitures,

l'Officier d'administration doit porter son attention sur l'arrimage des effets ou des armes appartenant aux malades, en s'assurant que les fusils et autres armes à feu ne sont pas chargés. Avant de donner le signal du départ, il doit être certain que chacun a tout ce qui lui appartient.

15. Il doit encore, avant de partir, numéroter les voitures, afin que chaque charretier connaisse l'ordre dans lequel il doit partir, et il doit tenir la main à ce qu'il le conserve pendant la route.

Le n° de la voiture étant reporté par lui en marge de la feuille d'évacuation, il aura toujours plus de facilité pour conserver en route le même ordre de placement.

CHAPITRE II.

DEVOIRS EN ROUTE.

16. Il doit avoir soin que les voitures se suivent sans interruption, ne se devancent jamais et ne marchent jamais deux à côté l'une de l'autre.

17. Il fera prendre à la première voiture

le pas ordinaire des chevaux, sans jamais permettre le trot et encore moins le galop.

18. Il préviendra les charretiers que jamais ils ne devront s'arrêter sans sa permission; il réglera toujours les haltes de manière à concilier l'intérêt des malades avec le besoin que les chevaux peuvent avoir de repos.

19. Il se tiendra habituellement au centre du convoi, en ayant soin d'aller souvent de la tête à la queue, pour s'assurer de l'état des malades, de celui des voitures et des chevaux.

20. Il disposera ses Infirmiers, suivant leur nombre, de manière qu'ils soient toujours à portée de donner des secours à ceux qui en auraient besoin, et assignera à chacun la ou les voitures auxquelles il sera attaché.

Il veillera à ce que chacun d'eux reste à son poste et ne puisse s'en écarter.

21. Il les encouragera à bien remplir leurs devoirs, qui consistent à porter la plus grande attention sur tous les malades confiés à leurs soins, et pour qu'ils soient toujours dans la position la plus commode, pour que la paille qui se serait dérangée soit replacée, pour que les couvertures, les bâches et généralement tout ce qui sert à couvrir les malades, soit maintenu ou remis

dans l'état convenable, et pour que leurs armes ou effets ne puissent ni se perdre, ni se détériorer en route.

22. L'Officier d'administration doit bien connaître la route qu'il a à parcourir, et s'il ne l'a pas déjà fréquentée, il doit prendre tous les renseignemens qu'il sera à même de se procurer, pour savoir quels sont les villages, les montagnes, les bois, les abris, et généralement tous les avantages et les inconvéniens qu'elle peut présenter.

23. Cette connaissance lui est nécessaire pour disposer ses haltes ou ses repos, suivant la saison et l'état de l'atmosphère.

24. Il doit s'attacher, sur-tout pendant l'hiver ou les mauvais temps, à faire le moins de haltes possible; cependant il doit se prêter aux repos demandés par les conducteurs, quand il sera convaincu que les chevaux en ont besoin, afin de ne pas les fatiguer outre mesure.

25. Il doit éviter de faire des haltes dans les grands villages ou bourgs, pour ne pas tenter les malades, dont quelques-uns, et successivement la plupart, se répandraient dans les cabarets, ce qui serait nuisible à leur santé et mettrait le désordre dans le convoi.

26. Le même motif a lieu pour les charretiers sur-tout, qu'il faut éviter de laisser boire, pour les garantir de l'ivresse.

27. S'il peut trouver sur sa route, à des distances convenables, des endroits ombragés ou présentant quelques abris et de l'eau, il les choisira de préférence pour faire faire halte.

28. Il emploiera toujours tout le temps du repos à visiter les malades, avec l'Officier de santé, afin de pourvoir aux besoins de chacun; il en profitera pour faire remettre en ordre tout ce qu'il aura remarqué de dérangé sur les voitures, soit dans leur arrimage, soit dans leur couverture, soit enfin dans la manière dont les malades y sont placés.

29. Il ne fatiguera pas les malades par des appels inutiles; mais il trouvera toujours le moyen de s'assurer que personne n'a quitté le convoi.

30. Si quelques malades préfèrent marcher à rester sur les voitures, il les y autorisera, après avoir consulté l'Officier de santé, mais à condition qu'ils se tiendront en avant du convoi, et il en désignera le chef, parmi les plus élevés en grade, ou, à défaut de sous-officiers, il choisira le plus

ancien de service, pris, de préférence, dans les compagnies ou corps d'élite.

31. Il aura soin d'avoir toujours l'œil sur les marcheurs, et quand on passera dans un endroit habité, il les fera remonter en voiture, à moins qu'ils ne consentent à former les rangs pour les traverser en peloton régulier, afin que personne ne puisse s'écarter et entrer dans quelqu'habitation.

32. Si, pendant la route, quelque malade se trouve en danger ou hors d'état de supporter la voiture, l'Officier d'administration, après s'être concerté avec l'Officier de santé, arrêtera au premier village et ira prier le Maire de recevoir et garder le malade, jusqu'à ce que le convoi étant arrivé à sa destination, on puisse le faire transporter dans une voiture suspendue ou à bras, suivant les distances ou les facilités, qui guideront le Directeur de l'hôpital sur lequel est dirigée l'évacuation.

33. Si le Maire ne pouvait assigner un logement au malade, l'Officier le placera dans une auberge et laissera près de lui un des meilleurs Infirmiers pour en avoir soin.

34. Dans l'un et l'autre cas, cet Officier d'administration prendra une attestation du Maire ou d'un Adjoint, pour constater la

mesure prise envers le malade, et dans cette attestation, il fera relater la recommandation faite par lui à l'autorité, de veiller aux soins qu'exige le malade.

35. Pour ne pas retarder, dans ce cas, la marche du convoi, l'Officier d'administration pourra prier l'Officier de santé d'en prendre la conduite, pendant tout le temps qu'il sera occupé à faire placer le malade en danger, à moins que l'Officier de santé ne préfère le remplacer dans ces soins.

36. Si la distance entre l'hôpital qui a fait partir l'évacuation, et celui qui doit la recevoir, est trop grande pour que le voyage puisse se faire sans une distribution en route ou même sans y coucher, l'endroit où doit se faire la halte ou le séjour est toujours indiqué à l'avance par le Sous-Intendant militaire.

37. Comme c'est par les soins du Directeur qui a fait partir l'évacuation, que tous les objets nécessaires à la distribution doivent être préparés, l'Officier qui la dirige saura toujours, avant son départ, quelles mesures on aura prises pour assurer cette distribution.

Il a dû recevoir à ce sujet des instructions particulières, auxquelles il doit se conformer exactement.

38. Si c'est une simple distribution à faire en route, elle peut avoir lieu en plein air et à l'ombre, si le temps est beau; mais si le temps est mauvais, il est nécessaire qu'elle se fasse à couvert.

39. Le réglement n'ayant pas prévu ce cas, et ne supposant qu'une distribution avant le départ et une autre après l'arrivée, c'est au Directeur qui fait partir l'évacuation à prévoir le cas auquel les malades partant trop tôt pour recevoir des alimens avant le départ, les Officiers de santé jugeraient à propos de ne les leur faire distribuer qu'en route, afin de ne pas mettre une trop grande distance entre la première et la seconde distribution.

40. Dans ce cas, l'Officier d'administration recevrait du Directeur les moyens de faire cette distribution, si elle n'était pas préparée à l'avance.

L'emploi des tablettes de bouillon serait, dans cette circonstance, très-avantageux; mais, pour le rendre agréable aux malades, il faut que la dissolution des tablettes ait lieu dans une décoction de légumes potagers, qui seuls peuvent lui donner le goût de bouillon fait avec la viande.

41. Comme cette préparation demande

quelque temps, et que les malades ne peuvent, pendant une heure au moins qu'elle doit durer, rester exposés aux intempéries de l'air, il faut, dans ce cas, qu'on se soit procuré un ou plusieurs locaux où les malades puissent prendre quelque repos et se réchauffer ou se sécher, suivant la saison.

42. Ces abris ne peuvent pas toujours être préparés ou disposés à l'avance, surtout en pays ennemi; il faut alors que l'intelligence, le zèle et le dévouement de l'Officier d'administration lui fassent trouver des ressources qui puissent se concilier avec les besoins des malades, avec leur sûreté et avec l'ordre qui doit toujours régner dans un convoi.

43. Toutes les haltes doivent être courtes autant qu'il est possible, et faites de manière à ne jamais intervertir l'ordre dans lequel les voitures se trouvaient au moment du départ. Si, pour occuper un moindre espace ou pour rendre la surveillance plus facile, on a besoin de faire replier les voitures les unes sur les autres, il faut que cette opération soit dirigée avec le soin convenable et suivant la nature du terrain, de manière que la tête soit toujours libre et que la file puisse se reformer facilement.

Il faut aussi que la route laisse un libre passage aux autres voitures, de quelque côté qu'elles viennent.

44. L'on doit éviter de s'arrêter à un angle de route, et si on y est forcé, il faut disposer quelques voitures en avant de l'angle, afin qu'elles servent d'avertissement à celles qui peuvent survenir, de ne pas tourner trop court et d'éviter les nombreux accidens qui surviennent quand deux voitures se rencontrent et s'accrochent.

45. La prévoyance de l'Officier d'administration qui dirige une évacuation, ne doit pas se borner à une sage disposition dans le placement des voitures; elle doit s'étendre aussi à leur garde. Elles ne doivent jamais être abandonnées sur la route à la bonne foi publique; il faut qu'elles soient surveillées, ou par des hommes de l'escorte, ou par des Infirmiers,

1° Pour que les voitures ne se dérangent et ne s'éloignent pas;

2° Pour la sûreté des effets, armes ou objets de mobilier qu'elles contiennent;

3° Enfin pour maintenir le passage libre, faire filer les voitures qui surviennent et les empêcher de séjourner et d'accrocher les autres.

46. Si l'évacuation doit coucher en route, l'Officier d'administration qui la conduit doit avoir reçu les instructions nécessaires; tout doit avoir été prévu, tant pour la nourriture, que pour le logement des malades: cependant il est possible que, dans des circonstances extraordinaires, toujours fort rares heureusement, il ne puisse atteindre le gîte où il soit forcé à en changer, et conséquemment à l'avancer ou à le reculer.

47. Dans le premier cas, il doit chercher à placer ses malades le plus commodément possible, dans quelque commune offrant quelques ressources, et toujours avec l'intervention de l'autorité locale, si la commune est habitée; et, pendant qu'il s'occupe de ce soin, il doit détacher un ou plusieurs Infirmiers de confiance, avec quelques hommes de l'escorte, s'il en a, et avec une ou deux voitures, pour aller chercher les vivres préparés au gîte qu'il ne peut atteindre.

48. Si, au contraire, il était forcé à dépasser le gîte, il y prendrait en passant les alimens préparés, pour les distribuer à la couchée.

On a supposé ces deux cas, tout en espérant qu'ils ne se présenteront pas; mais comme ils sont dans l'ordre des choses possibles, on a dû les prévoir.

49. Il est utile, quand l'évacuation approche du gîte fixé pour la recevoir ou de sa destination définitive, que l'Officier qui la dirige fasse partir, à la dernière halte, un Infirmier chargé d'aller en avant prévenir que l'évacuation approche, afin qu'on soit plus disposé à la recevoir.

50. Cet avis est sur-tout nécessaire quand l'évacuation se dirige sur un endroit peu connu, afin que l'Infirmier détaché en avant puisse revenir servir de guide à l'entrée du village ou de la ville, pour éviter les retards inévitables de l'incertitude sur le véritable chemin, ou sur la position de l'hôpital ou du logement.

51. Outre les précautions de diverses natures indiquées ci-dessus, tant dans l'intérêt direct des malades, que dans celui de l'ordre à maintenir dans le convoi, l'Officier d'administration doit une attention particulière aux voitures et à leurs conducteurs.

52. En veillant à ce que la file des voitures soit toujours suivie dans l'ordre du départ, il est nécessaire qu'elles soient tou-

jours rapprochées les unes des autres, à la distance de la longueur d'un cheval, et jamais davantage ni moins. Si la queue se sépare, il faut que la tête ralentisse sa marche pour l'attendre, et si quelques chevaux fatigués ne pouvaient suivre, si l'Officier d'administration ne trouvait pas en route les moyens de les faire remplacer, si la santé de quelques-uns des évacués ne leur permettait pas de marcher pour les alléger, alors, pour ne pas retarder la marche du convoi, il faudrait laisser en arrière la voiture ou les voitures qui seraient reconnues hors d'état de suivre, et charger un Infirmier intelligent de rester avec elles, jusqu'à l'arrivée, pour en diriger la marche et en assurer le service.

Dans ce cas, l'Officier dirigeant l'évacuation prendrait note, sur ses feuilles, des voitures et des hommes restés en arrière, pour en surveiller ensuite l'arrivée.

53. L'Officier d'administration aura soin de bien traiter les charretiers, d'avoir pour eux tous les égards et toutes les complaisances possibles, afin de les encourager et d'obtenir d'eux, par la douceur, tout ce qu'il est obligé de leur demander. La dureté ne convient jamais; elle doit répugner aux Hospitaliers

plus qu'à tous les autres: chez eux la fermeté doit toujours être polie, et quand ils emploient la sévérité, il faut que tout le monde soit convaincu qu'elle est indispensable.

La condition des charretiers, sur-tout de ceux qui marchent par réquisition, est on ne peut plus pénible : ce sont souvent les propriétaires eux-mêmes qui conduisent leurs propres voitures; il faut compatir à leurs maux, et concilier toujours les égards qu'on leur doit, avec les exigences du service.

En ne s'écartant pas de ces principes, l'Officier d'administration obtiendra beaucoup, il acquerra des droits à l'estime de ces hommes, qui, aigris par des procédés inconvenans, rendraient le service plus difficile.

En les protégeant avec sagesse, il leur fera avoir au besoin des vivres et des fourrages, quand il en sera chargé, ou dans le cas auquel ils ne pourraient s'en procurer d'ailleurs; en les faisant respecter par les malades et les Infirmiers, il saura leur faire supporter la contrariété d'une plus longue route, si les circonstances exigeaient qu'il les conservât pour assurer l'arrivée de son convoi.

Par les mêmes motifs, il empêchera qui que ce soit de toucher à leurs chevaux et de les maltraiter.

CHAPITRE III.

DEVOIRS A L'ARRIVÉE.

54. En arrivant au gîte, l'Officier d'administration doit donner plus d'attention à la marche de son convoi; il doit reconnaître le terrain sur lequel il doit s'arrêter, afin de ne faire avancer successivement ses voitures, qu'après leur avoir ménagé la place nécessaire pour la descente commode des malades et la facilité de la sortie.

55. Si le gîte ou l'hôpital dans lequel on arrive ne présente pas une cour ou autre endroit clos, suffisant pour contenir toutes les voitures, il aura soin de les faire garder, ou par des hommes d'escorte, ou par des Infirmiers.

56. Il aura soin, autant que possible, de ne laisser descendre les malades que dans l'ordre observé au départ, afin de rendre plus facile l'appel qui est de rigueur à l'arrivée.

On doit toujours commencer par faire descendre et placer les malades les plus infirmes ou les plus graves.

57. Aussitôt après l'appel, et le nombre des malades reconnu par le Directeur, auquel il a dû se présenter en arrivant, l'Officier d'administration visitera, l'une après l'autre, toutes les voitures, afin de s'assurer qu'il n'y reste ni malades, ni effets appartenant soit à eux, soit aux hôpitaux.

58. Après avoir fait remettre à chacun les effets qui lui appartiennent, il fera la reconnaissance des effets de mobilier dont il aurait été chargé, soit pour les verser au comptable qui reçoit l'évacuation, soit pour les renvoyer à l'hôpital d'où ils viennent.

59. Si les charretiers avec lesquels il est arrivé doivent être libres, il leur donnera des reçus, s'ils le désirent, et leur demandera s'ils ont quelques réclamations à faire, pour pouvoir en vérifier de suite l'objet, après quoi il les congédiera.

60. Si, au contraire, les mêmes voitures devaient encore servir le lendemain, il s'occupera de faire loger les hommes et les chevaux, de leur faire fournir des vivres et des fourrages, s'il en est chargé, et il

fera mettre sous clé les palonniers ou les colliers, ou la cheville-ouvrière, ou telle autre pièce essentielle de chaque voiture, pour qu'on ne puisse pas l'emmener sans sa permission ou à son insu.

61. Le meilleur parti pour s'assurer les moyens de transport pour le lendemain, serait de placer les chevaux dans des écuries bien closes et assez vastes pour les y surveiller lui-même; mais son intelligence et son zèle choisiront facilement le meilleur moyen que les localités ou les circonstances pourront lui inspirer.

62. S'il n'est arrivé qu'à un gîte provisoire, il doit, en arrivant, s'assurer des logemens pour tous les malades du convoi; faire placer d'abord, le plus commodément possible, ceux qui ont le plus de besoins, et en s'occupant du placement des autres, ne pas négliger le soin de leur nourriture, si elle n'est pas préparée à l'avance, suivant les intentions du réglement.

63. Dans le placement des malades, il ne doit pas oublier leurs effets ni leurs armes; il doit veiller à ce que chacun ait avec lui tout ce qui lui appartient.

64. Il doit faire tout ce qui dépend de lui pour que les malades soient le moins

disséminés qu'il est possible; mais il ne sacrifiera jamais l'intérêt de leur santé à une concentration plus facile pour lui, mais dangereuse pour eux.

65. Il doit évaluer avec soin la quantité d'air dont chacun peut avoir besoin, eu égard à la température ou à la disposition des pièces plus ou moins bien aérées; il faut aussi qu'il fasse attention à la nature des maladies ou blessures, et qu'il s'entende à ce sujet avec l'Officier de santé, pour ne pas ajouter à leur gravité par une trop grande altération de l'air dans des espaces trop circonscrits. Il faut au moins, pour chaque malade, huit à dix mètres cubes d'air, et l'air doit être renouvelé au moins une fois dans la nuit, par l'ouverture de quelques croisées.

66. L'Officier d'administration aura soin de répartir les Infirmiers de manière à ce qu'une moitié, au moins, puisse se reposer, pendant que le reste veillera au soulagement des malades.

67. Il lui sera possible de les moins fatiguer, en réunissant les malades qui ont le plus besoin de secours, et facilitant ainsi les moyens de les leur donner plus aisément.

68. Il aura lui-même peu de repos à trouver au milieu de tous ces détails et de cette surveillance; mais elle seule peut le sauver des suites d'une grande responsabilité. Il sentira le besoin de ne s'en rapporter qu'à lui-même pour tout, quoiqu'il ait pu réussir dans le choix de ceux auxquels il aura donné sa confiance.

En s'acquittant bien de tous les devoirs qu'impose la conduite d'une évacuation, il trouve l'occasion de développer tous ses moyens et d'assurer son avancement; plus la tâche qui lui aura été imposée aura présenté de difficultés, plus il aura de mérite en réussissant.

Il est impossible de lui tracer exactement tout ce que cette conduite peut lui offrir de circonstances imprévues; mais, avec la conscience de ses devoirs et du dévouement, il surmontera toutes les difficultés.

69. Il n'a pas été parlé des hôpitaux civils, dans lesquels on pourrait laisser quelques malades, quand on en trouve sur son chemin; les instructions qu'il aura reçues au départ, la situation éventuelle des malades en route, ou toute autre circonstance, doivent le guider, et il aura soin de ne prendre aucun parti, avant

d'avoir mûrement balancé les avantages et les inconvéniens, et avant d'avoir pris l'avis de l'Officier de santé qui est près de lui.

70. Il faut toujours que l'intérêt du malade soit le principal motif de sa détermination, et qu'il ne perde jamais de vue, d'un côté le danger que court le malade en continuant son voyage, de l'autre, celui auquel il pourrait être exposé, par un isolement périlleux, selon les dispositions des habitans du pays qu'il parcourt.

CHAPITRE IV.

MARCHE EN PAYS ENNEMI.

71. Toutes les fois qu'il traverse un pays étranger, dans lequel son convoi peut être attaqué, ou par des habitans insurgés, ou par des partis ennemis, on a dû lui donner une escorte, ou fournie par la ligne, ou composée d'Infirmiers, et dans l'un et l'autre cas, il doit ajouter à la surveillance du philantrope, toute celle du commandant d'un détachement armé. Il doit alors concentrer son convoi, lui faire tenir le moins d'espace possible, avoir soin d'éclairer sa

marche par une petite avant-garde et par quelques hommes sur les flancs, redoubler d'attention dans les endroits couverts ou dominés, se retrancher, si les localités le permettent, éviter avec la plus grande précaution tout acte agressif, et quand il ne peut absolument se dispenser de se défendre, le faire avec toute l'intelligence et le sang-froid nécessaires. C'est alors qu'il doit déployer toutes ses ressources et profiter du secours des malades même, encore assez valides pour le seconder. Mais il ne doit pas se laisser emporter par son courage, ni aveugler par son amour-propre, ni entraîner par la bravoure de ceux dont la vie lui est confiée. Après avoir fait tout ce qui était en son pouvoir, pour éviter un engagement, il ne doit en soutenir l'effort, qu'autant qu'il reconnaît la probabilité du succès de sa résistance; si la force de l'ennemi est telle qu'il ne puisse espérer de continuer sa route librement, alors il ne doit pas compromettre la vie de ceux dont il est responsable, et il doit lui sacrifier leur liberté et la sienne.

72. Si cependant il était attaqué par des insurgés ou des troupes irrégulières, et s'il s'apercevait ou s'il apprenait qu'il y eût dans

le voisinage quelques troupes régulières, il devrait prolonger sa défense jusqu'à ce qu'il pût se rendre au commandant de ces dernières, avec lesquelles il n'aurait pas à craindre pour la vie des malades ou blessés confiés à ses soins.

73. En supposant même qu'après sa reddition on lui offrît sa liberté, il ne devrait pas l'accepter, s'il avait l'espoir de pouvoir être utile à ses compagnons de captivité; il devrait solliciter la permission de continuer à en prendre soin jusqu'après leur guérison.

74. Il n'oublierait pas, dans cette circonstance, qu'il est le père des Infirmiers, et il ne négligerait rien pour adoucir leur sort.

Telles sont, à peu près, les instructions qu'on peut offrir aux Officiers d'administration chargés du service des évacuations, qui ne peut être confié qu'à des Officiers instruits, prudens et dévoués. Ils trouveront, dans le réglement, les règles administratives qu'ils doivent suivre. Puissent les conseils qu'on leur offre ici, les mettre à même de bien remplir les devoirs d'une mission d'autant plus importante, qu'elle offre plus de difficultés et de circonstances imprévues!

TABLE DES CHAPITRES.

INSTRUCTIONS POUR LES MAGASINS DU LINGE ET DU MOBILIER.

INSTRUCTIONS POUR LA DÉPENSE.

INSTRUCTIONS POUR L'OFFICIER D'ADMINISTRATION CHARGÉ DE CONDUIRE UNE ÉVACUATION.

www.ingramcontent.com/pod-product-compliance
Ingram Content Group UK Ltd.
Pitfield, Milton Keynes, MK11 3LW, UK
UKHW021146260726
13994UKWH00001B/316